यदि आपके पास सकारात्मक नज़रिया है तो आप विषम से विषम स्थिति में भी अपने आपको संतुलित रखते हुए धीरे-धीरे सफलता की डगर पर चले जायेंगे और यदि आपके पास छोटी-छोटी बातों को लेकर भी नकारात्मकता है तो धीरे-धीरे आपके आस-पास के लोग भी आपके शत्रु बन जायेंगे, क्योंकि सकारात्मक दृष्टिकोण में वह शक्ति है जो किसी शत्रु को भी आपका मित्र बना सकती है। गांधी जी के पास इस सकारात्मकता का एक शक्ति पुंज था। उन्होंने अपने भीतर जो जीवन-दृष्टि विकसित कर ली थी, उसकी रोशनी में उनकी आत्मा हर समय जगमगायी रहती थी। मानव मात्र से प्रेम करना, दूसरों की प्रशंसा करना, अपनी ख़ामियों को बिना किसी हिचक के स्वीकार कर लेना, सबको समान दृष्टि से देखना आदि, उनकी वह विशेषताएं हैं जो उन्हें मात्र मानव नहीं, बल्कि इस सदी के महामानव के रूप में मान्यता प्रदान करवाती हैं।

गांधीजी अपनी विचारधारा के साथ, आज पश्चिम के लिए भी एक आदर्श बन गए हैं। यदि आज भी हम गांधीजी के विचारों और दर्शन को अपने 'मैनेजमेंट' का आदर्श बना लेते हैं, तो हम विश्व के पटल पर अपनी पहचान और अपने योगदान को और अधिक महत्त्वपूर्ण रूप में दर्ज कर सकते हैं।

गांधी और मैनेजमेंट

प्रवीण शुक्ल

डायमंड बुक्स

www.diamondbook.in

प्रकाशक	:	**डायमंड पॉकेट बुक्स (प्रा.) लि.** X-30, ओखला इंडस्ट्रियल एरिया, फेज-II नई दिल्ली-110020
फोन	:	011- 40712200
ई-मेल	:	sales@dpb.in
वेबसाइट	:	www.dpb.in
संस्करण	:	2024
मुद्रक	:	Repro (India)

GANDHI AUR MANAGEMENT
by : Pravin Shukla

समर्पित

गांधीवादी चिंतक और प्रसिद्ध उपन्यासकार

पद्मभूषण विष्णु प्रभाकर जी की

पावन स्मृतियों को

लेखक-परिचय

नाम : प्रवीण शुक्ल

जन्म-तिथि : 7 जून, .1970

जन्म-स्थान : पिलखुवा, ग़ाज़ियाबाद, उत्तर प्रदेश

शैक्षणिक योग्यता : एम.ए.(अर्थशास्त्र, हिन्दी), बी.एड., शोधरत

अन्य उपलब्धियाँ : आकाशवाणी, टाइम्स एफ.एम., दूरदर्शन, जी.टी.वी., स्टार टी.वी., एन.डी.टी.वी., सहारा टी.वी., सब टी. वी. व अन्य अनेक चैनल्स के माध्यम से प्रचारित व प्रसारित।

सम्मान एवम् पुरस्कारः

1. 'काव्य गंगा पुरस्कार' वर्ष 1993, हापुड़, उ.प्र.।
2. 'व्यंग्य श्री सम्मान' वर्ष 1998, भरतपुर, राजस्थान।
3. 'हिन्दी गौरव सम्मान' वर्ष 1998, दिल्ली।
4. 'श्रेष्ठ कवि सम्मान' वर्ष 1999, जबलपुर, म.प्र.।
5. 'परसोन स्मृति सम्मान' वर्ष 2003, भोपाल, म.प्र.।
6. 'शारदा सम्मान' वर्ष 2003, ग़ाज़ियाबाद, उ.प्र.।
7. 'अट्टहास युवा रचनाकार सम्मान' वर्ष 2004, लखनऊ, उ.प्र.।
8. 'श्रेष्ठ हिन्दी सेवी सम्मान' वर्ष 2004, लायंस क्लब, दिल्ली प्रभात।
9. 'काव्य-हंस सम्मान' वर्ष 2006, लायंस क्लब, मॉडल टाउन, दिल्ली।
10. 'ओमप्रकाश आदित्य सम्मान' वर्ष 2006, दिल्ली।
11. 'डॉ. उर्मिलेश शंखधार सम्मान' वर्ष 2007, लखनऊ।
12. 'एम.आर. मस्त पुरस्कार' वर्ष 2009, दिल्ली।
13. 'काव्य गौरव सम्मान' वर्ष 2009, देहरादून (राशि 1 लाख रुपये)।

काव्य-कृतियां :

- 'स्वर अहसासों के', अमृत प्रकाशन, दिल्ली
- 'कहां वे कहां ये', डायमण्ड बुक्स, दिल्ली
- 'हंसते हंसाते रहो', डायमण्ड बुक्स, दिल्ली

गीत-संग्रह : तुम्हारी आंख के आंसू, डायमण्ड बुक्स, दिल्ली

गद्य-कृतियां	:	गांधी और गांधीगिरी, डायमण्ड बुक्स (गुजराती, मराठी और अंग्रेजी भाषा में अनुवादित)
यात्रा-वृत्तांत	:	सफ़र बादलों का, डायमण्ड बुक्स, दिल्ली
सम्पादित कृतियाँ	:	● हर हाल में खुश हैं (अल्हड़ बीकानेरी की लोकप्रिय कवितायें) ● इक प्यार का नग़मा है (संतोषानन्द के लोकप्रिय गीत) ● मुहब्बत है क्या चीज़! (संतोषानन्द के लोकप्रिय गीत)
ऑडियो सी.डी.	:	ना वो सावन रहा (प्रवीण शुक्ल के लोकप्रिय गीत)
प्रकाश्य कृतियां	:	● डॉ. अशोक चक्रधर के काव्य में व्यंग्य चेतना, शोध-ग्रंथ ● आइना अच्छा लगा, ग़ज़ल-संग्रह ● नेताजी का चुनावी दौरा, गद्य व्यंग्य-संग्रह
स्तंभ	:	पंजाब केसरी, दैनिक हिन्दुस्तान, नवभारत और हरिभूमि जैसे दैनिक समाचार पत्रों एवम् विभिन्न पत्रिकाओं में नियमित हास्य-व्यंग्य स्तंभ लेखन।
विदेश यात्राएं	:	बैंकाक, मस्कट, दुबई (संयुक्त अरब अमीरात), भूटान, यूनाइटेड किंगडम के विभिन्न शहरों (लंदन, बर्मिंघम, नाटिंघम, बुलवरहैम्पटन, यार्कशायर, मैनचेस्टर) आदि में काव्य-पाठ।
विशेष	:	1000 से अधिक कवि-सम्मेलनों में काव्य पाठ, अनेक मंचों का संचालन-संयोजन, लालकिला कवि-सम्मेलन, स्वतंत्रता दिवस कवि-सम्मेलन, जनता की पुकार कवि-सम्मेलन एवं डी.सी.एम. कवि-सम्मेलन जैसे महत्त्वपूर्ण कार्यक्रमों में सहभागिता।
सम्प्रति	:	अध्यापन (व्याख्याता, अर्थशास्त्र)
पत्र व्यवहार का पता	:	4649/15-ए, न्यू मॉडर्न शाहदरा, दिल्ली-110032
दूरभाष	:	(011) 22111464, मोबाइल-(0) 9312600362
ई-मेल	:	kavipraveenshukla@rediffmail.com
वेबसाइट	:	kavisamelan.com praveenshukla.com

गांधीजी और उनका 'मैनेजमेंट'

पोरबंदर जैसी छोटी जगह पर जन्म लेने वाले महात्मा गांधी नाम के उस व्यक्ति में ऐसा क्या था कि आज भी केवल भारत ही नहीं वरन पूरा विश्व अपनी आर्थिक और सामाजिक उन्नति करने के लिए 'गांधीज्म' में ही नई रोशनी और नए रास्ते तलाश कर रहा है। उस व्यक्ति द्वारा प्रतिपादित किये गए अहिंसा और सत्याग्रह के सिद्धान्त आज भी पुराने नहीं हुए हैं, बल्कि समय के साथ-साथ उनका महत्त्व और उपयोगिता लगातार बढ़ती जा रही है। आज भी जब कहीं आतंकी विस्फोट होता है और बेक़सूर लोग मारे जाते हैं, तो हमें बरबस ही गांधी और उनका दर्शन याद आता है। गांधीजी ने स्वयं कहा था—*"मेरी ज़िन्दगी ही मेरा संदेश है।"* आज 'मैनेजमेंट' के क्षेत्र में कार्य करने वाले अनेक छात्रों और शोधार्थियों को अपने कार्यों को सुचारु रूप से करने के लिए गांधी के सिद्धान्तों की जानकारी करनी ही होगी। गांधीजी ने अपने विविध कार्यों को, कुशलतापूर्वक एक साथ करने के लिए, जिस 'मैनेजमेंट' का सहारा लिया, वह हमारे जीवन और उससे जुड़े हुए, विभिन्न क्षेत्रों में हमें नई दिशाएं प्रदान करता है।

किसी भी व्यक्ति को एक सफल 'मैनेजमेंट गुरु' बनने के लिए अपने भीतर कुछ गुणों का विकास करना पड़ता है। इन गुणों को अपनाये बिना 'मैनेजमेंट' का कोई भी छात्र या इसमें रुचि रखने वाला व्यक्ति, एक सफल व्यवसायी और एक सफल प्रबंधक नहीं बन सकता।

किसी को भी सफल मैनेजमेंट गुरु बनने के लिए, समय और परिस्थिति की समझ, सहयोगियों के मनोविज्ञान का विश्लेषण, चरित्र निर्माण की क्षमता, आयोजन आयोजित करने की दक्षता, विचार के विस्तार की क्षमता, कर्तव्य के प्रति जागरूकता, समय का सम्मान, श्रम की स्थापना, सकारात्मक दृष्टिकोण,

कार्यों को व्यवस्थित तरीक़े से करना, दूसरों को प्रेरित करना, लक्ष्य बनाना और हासिल करना, निर्णय लेने की क्षमता, उपलब्ध साधनों का श्रेष्ठतम प्रयोग, विषम परिस्थितियों में संतुलन और स्वयं के स्वास्थ्य के प्रति भी सजग होना चाहिए। गांधी जी के विचारों का अध्ययन करने पर महसूस होता है कि उन्होंने अपने जीवन में इन सबके बीच संतुलन स्थापित करके सफलता के नये मानदंड स्थापित किये। उनकी क़ामयाबी का ज़िक्र करते हुए लैरी कॉलिन्स और दामिनिक लैपियर ने कहा है—*"उस दौर में जब टेलीविज़न नहीं होता था, रेडियो भी कहीं-कहीं पर मौज़ूद था और ज़्यादातर भारतवासी अनपढ़ थे, महात्मा गांधी ने साबित किया कि वह जनसंचार के वास्तव में गुरु हैं, क्योंकि वह एक विशेष प्रतिभा के धनी थे। वह सामान्य हाव-भाव के साथ अपने देशवासियों से बातें करते थे। निश्चित रूप से जब इतिहासकार और संपादक सदी के सर्वश्रेष्ठ महिला और पुरुष का चुनाव करना शुरू करेंगे, तो उनका नाम सूची में सबसे ऊपर होगा।"*[1]

गांधीजी ने अपने जीवन में अनेक आंदोलनों का नेतृत्व किया। उन्होंने हिन्दुस्तान की आज़ादी की लड़ाई में करोड़ों लोगों को एक साथ एकत्र करके हमारे स्वतंत्रता संग्राम को एक नई ताक़त प्रदान की। उनके द्वारा की गई व्यूह रचना ने 'ब्रिटिश एम्पायर' की नींव को हिलाकर रख दिया। उनकी नीतियों को देखकर साम्राज्यवादी ताक़तों को यह आभास होने लगा था कि उनकी प्रतियोगिता एक ऐसे व्यक्ति के साथ है, जिसकी नीतियों के चक्रव्यूह को भेदना सरल नहीं है। गांधी जी ने हिन्दुस्तान के करोड़ों लोगों को केवल शारीरिक रूप से ही नहीं, बल्कि मानसिक रूप से भी इस बात के लिए तैयार किया कि हमें अपना स्वयं का शासन हासिल करना है। केवल शासन के स्तर पर ही नहीं, बल्कि समाज में व्याप्त जात-पात और आर्थिक विषमताओं को हल करने के लिए भी उन्होंने अनेक आन्दोलनों और कार्यक्रमों का संयोजन और संचालन किया।

---

1. फ्रीडम एट मिडनाइट, भूमिका

गांधीजी ने अपने विचारों द्वारा जिन आदर्शों की स्थापना की, वे आज भी केवल हमारे सामाजिक जीवन के लिए ही नहीं, वरन कारपोरेट जगत के लिए भी एक आदर्श स्थापित करते हैं। बोस्टन कंसल्टिंग ग्रुप के सी.ई.ओ. श्री अरुण मेहरा, मैनेजमेंट गुरु सी.के. प्रहलाद, आर्थिक विषयों के प्रोफेसर अरिंदम चौधरी जैसे व्यक्तियों ने भी इस बात को स्वीकार किया है कि हमें अपने व्यवसाय को बढ़ाने के लिए, आज भी गांधी के विचारों और उनकी योजनाओं को स्वीकार करना पड़ेगा।

हाल ही में प्रवासी भारतीय दिवस के अवसर पर नई दिल्ली में श्रोताओं को सम्बोधित करते हुए श्री सी.के. प्रहलाद ने कहा–*"अपने समाज को आगे ले जाने के लिए, हमें गांधी जी के विचार अपनाने ही होंगे। यदि हम अपने सकल घरेलू उत्पाद (जी.डी.पी.) में वृद्धि करना चाहते हैं, तो इसके लिए हमें गांधी के दर्शन पर ही चलना पड़ेगा।"*

जब दक्षिण अफ्रीका से हिन्दुस्तान आकर गांधी जी ने अपनी अहिंसा और सत्य की ताक़त के साथ, अंग्रेज़ों के ख़िलाफ अपनी व्यूह-रचना करनी शुरू की थी, उस समय ब्रिटिश शासकों को भी यह भान नहीं था कि यह व्यक्ति धीरे-धीरे भारतीय जनमानस के बीच एक ऐसी शक्ति के रूप में अपनी जगह बना लेगा, जिसका उनके पास कोई जवाब नहीं होगा। गांधी जी ने इस सबको कैसे कर दिखाया? उनके पास 'मैनेजमेंट' की कोई 'ट्रेनिंग' भी नहीं थी। उन्होंने हिन्दुस्तान में रहने वाले करोड़ों लोगों को और उनके विचारों को अपने विचारों में किस प्रकार ढाल दिया? उन्होंने उन्हें अपने अनुसार चलने के लिए किस प्रकार प्रेरित किया? उन्होंने इस बात को क़िस प्रकार प्रमाणित किया कि सत्याग्रह, अहिंसा और चरखा हमारे राजनीतिक, आर्थिक और सामाजिक बदलाव के औज़ार बन सकते हैं? उन्होंने लोगों को किस प्रकार समझा दिया कि केवल एक लाख अंग्रेज़, तीन सौ पचास 'मिलियन' भारतीयों पर राज्य नहीं कर सकते? उन्होंने इस बात को किस प्रकार स्थापित कर दिया कि यदि हिन्दुस्तान में रहने वाले सभी आदमी और औरतें, अमीर और ग़रीब, उच्च जाति वाले और छोटी जाति वाले एक साथ मिलकर, एक शक्ति-पुंज के रूप में कोई

भी आंदोलन चलाएंगे, तो अंग्रेज़ सरकार के पास उसका कोई जवाब नहीं हो सकता। ऐसा क्या था कि उनकी एक आवाज़ पर करोड़ों लोग, एक साथ उनके स्वर में अपना स्वर मिलाने के लिए तैयार थे? उन्होंने कहा कि सूती धागा बनाओ, तो करोड़ों लोग चरखा चलाने लगे, उन्होंने कहा कि विदेशी कपड़ों और सामान को जला दो, तो लोगों ने उस सामान को अपने घर के बाहर रखकर आग लगा दी। उन्होंने कहा कि मैं खुद नमक बनाकर अंग्रेज़ी क़ानून का विरोध करूंगा तो करोड़ों लोग उनके पदचिह्नों के पीछे चलने के लिए लालायित हो गए। यह ताक़त निश्चित रूप से उनके विचार, जीवन-शैली और उनके उस व्यक्तित्व की आभा की थी, जिसकी कथनी और करनी में कोई अन्तर नहीं था। इस तथ्य में ही उनके 'मैनेजमेंट' कौशल की शक्ति भी निहित है।

उन्होंने जनता की शक्ति को इस प्रकार 'मैनेज' किया कि मनोवैज्ञानिक रूप से, ब्रिटिश हुकूमत को भी धीरे-धीरे यह लगने लगा कि भारत पर उसका प्रभाव और पकड़ खत्म होती जा रही है। उन्हें जल्दी ही भारत को आज़ाद करना पड़ेगा। इस सबके पीछे गांधी जी द्वारा 'मैनेजमेंट' के सभी आवश्यक गुणों को एक साथ साधकर चलने की कला थी। मुझे लगता है कि उन्होंने अपने अध्ययन और अनुभवों के आधार पर 'मैनेजमेंट' के सभी गुणों में दक्षता प्राप्त कर ली थी। उनकी एक-एक चीज़ और उनके द्वारा स्थापित किया गया, एक-एक विचार इस बात का परिचायक है, चाहे वह उनका संदेश हो, पहनावा हो, जीवन-शैली हो, बातचीत का तौर-तरीक़ा हो, या फिर समाज में धधक रहे, विभिन्न ज्वलंत प्रश्नों के उत्तर। उनकी हर बात में उनका 'मैनेजमेंट गुरु' दिखाई देता है, क्योंकि उन्होंने जिस लक्ष्य को निर्धारित किया, उसे प्राप्त भी किया। निर्धारित उद्देश्यों को बिना किसी बाधा के प्राप्त करना ही 'मैनेजमेंट' कौशल भी है।

गांधीजी कहते थे कि न तो मैं दार्शनिक हूं और न किसी वाद-विशेष का प्रतिपादक। उन्होंने स्वयं कहा है कि मैं ऐसा कोई दर्शन और विचार आप पर आरोपित नहीं करना चाहता, जो आपको बोझ की भांति लगे। मैं केवल अपने अनुभवों के आधार पर, अपनी ज़िंदगी में हासिल किये गए सूत्रों के द्वारा, सत्य

और अहिंसा को आधार बनाकर, आपकी ज़िंदगी की समस्याओं का समाधान करना चाहता हूं। मुझे लगता है कि वह एक व्यावहारिक आदर्शवादी और कर्म में विश्वास रखने वाले मनुष्य थे। उनकी सोच पूर्णतः मौलिक थी और वह उनके जीवन और समाज से हासिल किये अनुभवों पर आधारित थी, इसलिए अन्य नेताओं की अपेक्षा, इस देश की जनता को, गांधीजी अधिक व्यावहारिक और आम-आदमी के विचारों और भारतीय संस्कृति के नज़दीक लगे। उनकी अपने विचारों को दूसरों तक पहुंचाने की क्षमता, चाहे वो वक्तव्य के रूप में हो, भाषण के रूप में या लेखों के रूप में, अद्भुत थी। किसी भी 'मैनेजमेंट गुरु' के लिए यह आवश्यक है कि उसके विचार दूसरों तक बहुत सहजता के साथ सम्प्रेषित होने चाहिए। गांधीजी को इस कला में महारत हासिल थी। वह जैसा सोचते थे, पूरा समाज ही वैसा सोचना शुरू कर देता था।

गांधीजी ने अपनी ज़िंदगी में अनेक बार ऐसे भी प्रयोग किए, जो उनसे पहले दूसरों के द्वारा नहीं किए गए थे। उनका ये गुण भी उनके मैनेजमेंट कौशल को प्रदर्शित करता है। क्योंकि एक सफल प्रबंधक के लिए यह आवश्यक है कि वह केवल परम्पराओं का ही पालन न करे, बल्कि अपने नये प्रयोगों को भी सफलतापूर्वक लागू करने का जोखिम उठाये। गांधीजी को अपने सिद्धांतों पर दृढ़ आस्था थी, इसलिए उनका विश्वास था कि मेरे द्वारा किए गए प्रयोग असफल हो ही नहीं सकते।

गांधीजी ने अपने जीवन में अनेक आंदोलनों का नेतृत्व किया। उनमें से कुछ महत्त्वपूर्ण आंदोलनों के बारे में बात करते हुए, मैं यह कहना चाहता हूं क़ि चाहे वो अहमदाबाद में टैक्सटाईल कर्मचारियों का आंदोलन हो, चम्पारन में नील खेती से सम्बंधित आंदोलन हो, ख़िलाफत आंदोलन हो, बारदोली में करों के विरोध में किया गया आंदोलन हो, विदेशी वस्तुओं के बहिष्कार का आंदोलन हो, दांडी मार्च हो, हरिजनों के द्वारा मंदिरों में प्रवेश के संदर्भ में आंदोलन हो या फिर भारत छोड़ो आंदोलन हो। उनके प्रत्येक आंदोलन में गांधी जी के 'मैनेजमेंट' कौशल के दर्शन होते हैं, क्योंकि उन्होंने प्रत्येक आंदोलन को शुरू करने से पहले योजनाबद्ध तरीक़े से अपनी रणनीति बनाई और उसके बाद

उसमें शामिल होने वाले लोगों की मानसिकता और क्षमताओं के अनुसार उस आंदोलन की दिशा और दशा तय की। यदि हम अपनी बात को चम्पारन आंदोलन पर केद्रित करें तो हम देखते हैं कि भारत में सत्याग्रह की नीतियों और सिद्धांतों को स्थापित करने वाला, ऐसा आंदोलन इससे पहले किसी भी अन्य नेता के द्वारा संयोजित नहीं किया गया था।

जिस ब्रिटिश हुकूमत के साम्राज्य में सूरज नहीं छिपता था, वह हुकूमत गांधी की 'मैनेजमेंट थ्योरी' और उसके व्यावहारिक प्रयोग को समझने में चूक कर गई। अमेरिकी मैनेजमेंट गुरु पीटर ड्रयूकर ने कहा है– *"मैनेजमेंट का मुख्य कार्य लोगों को प्रेरित करना और दिशा देना है। 'मैनेजमेंट' हमारी संस्कृति की जड़ों में जाकर कार्य करता है। किसी भी 'मैनेजमेंट मैनेजर' को अपनी नीतियों को लागू करने के लिए कर्मचारियों की विचारधारा, रीतिरिवाज, परम्पराओं और उनकी संस्कृति को समझकर ही उसके अनुकूल अपनी नीतियां निर्धारित करनी चाहिये। मैं पिछले अनेक वर्षों में अलग-अलग तरह के संस्थानों के साथ एक लम्बे समय से कार्य कर रहा हूं। मैं अपने अनुभव के आधार पर कह सकता हूं कि 'मैनेजमेंट' एक आध्यात्मिक गुण है। आदमी के अंदर देवता भी है, और दैत्य भी। 'मैनेजमेंट' के द्वारा हम उसे इस प्रकार स्वतंत्रता प्रदान करें कि उसकी सभी मौलिक विशेषताएं जिनमें उसका ज्ञान, उसकी स्वतन्त्रता और नेतृत्व क्षमता और अधिक बेहतर तरीक़े से कार्य कर सके।"* गांधीजी की जीवन-शैली और कार्य पद्धति का विश्लेषण करने के पश्चात आप स्वयं महसूस करेंगे कि उन्होंने इन सभी विशेषताओं को अपनी नीतियों का मुख्य आधार बनाया है।

'मैनेजमेंट थ्योरी' के अनुसार एक अच्छे मैनेजमेंट गुरु में ज्ञान का भंडार, अनुशासन, पारदर्शिता, सबको समान दृष्टि से देखने की क्षमता और उसके साथ-साथ परिस्थितियों और स्वयं का सही विश्लेषण करने की क्षमता भी होनी चाहिए। उल्लेखनीय है कि गांधीजी ने इन सभी विशेषताओं को ध्यान में रखकर अपनी नीतियां नहीं बनाईं, इसके विपरीत जब हम उनकी जीवन-शैली का अध्ययन करते हैं तो हमें महसूस होता है कि उनके भीतर ये विशेषताएं

नैसर्गिक रूप से थीं। गांधी, 'मैमेजमेंट मैनेजर' नहीं हैं लेकिन आज के दौर में भी एक व्यक्ति सफल 'मैनेजमेंट मैनेजर' बनने के लिए उनकी विचारधारा से प्रेरणा भी ले सकता है, प्रेरित भी हो सकता है और उनकी नीतियों का अनुसरण करके सफलता के नये मानदण्ड भी स्थापित कर सकता है, क्योंकि गांधीजी की जीवन-शैली में 'मैनेजमेंट' कौशल की सारी क्षमताएं हमें एक साथ दिखाई देती हैं। उनकी इन क्षमताओं का ही परिणाम था, जिन्हें देखकर स्वयं प्रो. आइंस्टीन को कहना पड़ा–*"आने वाली पीढ़ी कभी यह विश्वास नहीं कर पाएगी कि इस धरती पर गांधी जैसा हाड़-मांस का व्यक्ति भी पैदा हुआ था।"*

इस पुस्तक के लेखन के दौरान, मैंने गांधीजी के व्यक्तित्व और कृतित्व से सम्बंधित साहित्य का अध्ययन, व्यापक स्तर पर किया है। अपने विचारों की प्रामाणिकता के लिए, मैंने सम्बंधित उद्धरणों को भी इस पुस्तक में शामिल किया है। 'सस्ता साहित्य मंडल' द्वारा प्रकाशित गांधी जी की आत्मकथा के हिन्दी अनुवाद के लिए, उस पुस्तक के मूल नाम 'माई एक्सपेरिमेंट विद ट्रुथ' और हिन्द पॉकेट बुक्स द्वारा प्रकाशित, 'आधी रात को आज़ादी' के लिए, उसके मूल नाम 'फ्रीडम एट मिडनाइट' का उल्लेख किया है। मुझे विश्वास है कि प्रस्तुत पुस्तक को पढ़ते समय आप महसूस करेंगे कि आप गांधीजी के 'प्रबंधन कौशल' के संदर्भ में एक ऐसे शोध-ग्रंथ का अध्ययन कर रहे हैं, जिसे लेखक ने सरल और रोचक रूप में प्रस्तुत किया है।

हार्वर्ड यूनिवर्सिटी के विलियम जेम्स का कहना है–*"अगर आप अपनी ज़िंदगी में बदलाव लाने की सोच रहे हैं, तब तो यह काम तुरंत और उत्साह से शुरू कर देना चाहिए।"* मुझे लगता कि यदि हम अपनी ज़िन्दगी में उद्योग या सेवा के क्षेत्र में व्यापक स्तर पर सफलता प्राप्त करना चाहते हैं, तो हमें गांधीजी और उनकी कार्य-शैली की बारीकियों को समझना ही पड़ेगा। मैंने स्वयं की ज़िन्दगी में भी उन्हें जानने के बाद व्यापक परिवर्तन महसूस किया है। स्वयं गांधी जी ने एक स्थान पर कहा है कि *'छोटी-छोटी बातों से ही हमारे सिद्धांतों की परीक्षा होती है।"* चलिये, हम आज से ही अपने आपको गांधीजी की नीतियों के अनुसार बदलने की कोशिश करें। आप इस कोशिश की शुरुआत

इस पुस्तक के पढ़ने के साथ भी कर सकते हैं। आपको लग रहा होगा कि ये एक छोटी बात है, लेकिन स्वयं गांधीजी ने कहा है कि *"छोटी-छोटी बातें हमें परिपूर्ण बनाती हैं और परिपूर्णता कोई छोटी बात नहीं है।"*

—प्रवीण शुक्ल

4649/15-ए, न्यू मॉडर्न शाहदरा, दिल्ली-110032

(011) 22111464, मोबाइल-(0) 9312600362

E-mail : kavipraveenshukla@rediffmail.com

Website : kavisamelan.com

praveenshukla.com

अनुक्रम

1

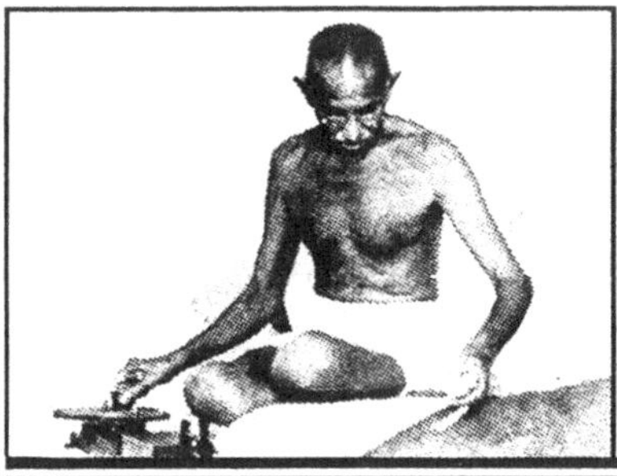

कार्यक्षेत्र और संस्कृति का ज्ञान

हमारी संस्कृति में जैसी मूल्यवान निधियां हैं, वैसी किसी दूसरी संस्कृति में नहीं हैं। हमने उसे पहचाना नहीं है; हमें उसके अध्ययन का तिरस्कार करना, उसके गुणों की क़ीमत कम करना सिखाया गया है। अपने आचरण में उसका व्यवहार करना तो हमने लगभग छोड़ ही दिया है। आचार के बिना कोरा बौद्धिक ज्ञान उस निर्जीव देह की तरह है, जिसे मसाला भरकर सुरक्षित रखा जाता है। वह शायद देखने में अच्छा लग सकता है, किन्तु उसमें प्रेरणा देने की शक्ति नहीं होती। मेरा धर्म मुझे आदेश देता है कि मैं अपनी संस्कृति को सीखूं, ग्रहण करूं और उसके अनुसार चलूं।

–मेरे सपनों का भारत, पृ. 140

कार्यक्षेत्र और संस्कृति का ज्ञान

किसी भी उद्यमी को अपने उद्योग को विस्तार देने के लिए सबसे पहले बाज़ार की सही स्थितियों को जानना आवश्यक है। इस बारे में हमें गांधी की ज़िंदगी और उनके विचारों से महत्त्वपूर्ण दिशा मिलती है। गांधी जब 1901 में भारत आये और उन्होंने अखिल भारतीय कांग्रेस के कोलकाता अधिवेशन में भाग लिया, उसी समय उन्होंने निर्णय कर लिया था कि मैं सार्वजनिक जीवन में आने से पहले एक बार पूरे भारत की यात्रा करूंगा। रेल के तीसरे दर्ज़े में बैठकर यहां के जनसामान्य की जरूरतों को समझूंगा और ये जानने की कोशिश करूंगा कि ग़रीब लोगों की आवश्यकताएं, मजबूरियां और परिस्थितियां क्या हैं।

उनका ये दृष्टिकोण हमें इस बात की जानकारी देता है कि कोई भी नया मिशन शुरू करने से पहले, चाहे वो उद्योग से सम्बंधित हो या फिर जीवन के किसी भी अन्य पक्ष से, हमें उसकी तह में जाकर एक बार बारीकी से उसे पूरी तरह समझ लेना चाहिए। जब तक हम उसकी मूल प्रकृति और जरूरतों को नहीं समझेंगे, तब तक हमें कार्य करने के लिए सही दिशा नहीं प्राप्त हो सकती।

"सफलता का मतलब सिर्फ़ असफल होना नहीं है, बल्कि सफलता का सही अर्थ है अपने असली मक़सद को पाना। इसका मतलब है पूरा युद्ध जीतना, न कि छोटी-मोटी लड़ाइयां जीतना।"[1]

पहनावे की जानकारी

जब गांधीजी दक्षिण अफ्रीका से वापस भारत आए तो उन्होंने अपने

1. एडविन सी. ब्लिस

पश्चिमी पहनावे को छोड़कर, भारतीय पहनावा धोती-कुर्ता आदि को पहनना शुरू किया, क्योंकि वह जानते थे कि मुझे जिस देश के लोगों के बीच काम करना है, मेरा पहनावा भी उस देश के लोगों जैसा होना चाहिए। उनका ये दृष्टिकोण इस बात का परिचायक है कि सार्वजनिक जीवन में आपका व्यक्तित्व और पहनावा भी आपकी जीवन-शैली और आपके दृष्टिकोण को प्रदर्शित करने वाला एक महत्त्वपूर्ण बिन्दु है।

अरिदंम चौधरी ने कहा है–*"महात्मा गांधी का उदाहरण हमारी सभ्यता और हमारी संस्कृति को अभिव्यक्त करने के लिए एक श्रेष्ठ उदाहरण है। हम आज तक इस बात में उलझे हुए हैं कि क्या अच्छा है और क्या बुरा है? एक नेता अपने समर्थकों से कभी भी वो काम करवाना नहीं चाहेगा जो उसके समर्थक न कर सकें, क्योंकि एक सफल प्रबंधन गुरु अपने उद्देश्य की प्राप्ति के लिए, उसमें लगे हुए सभी व्यक्तियों की अधिकतम क्षमताओं और संसाधनों का प्रयोग करना चाहता है और गांधी ने अपने सभी आंदोलनों में ऐसा करने का प्रयास किया है।"*[2]

सही मार्गदर्शक का चुनाव

गांधीजी ने अपना आदर्श और गुरु गोपाल कृष्ण गोखले को बनाया, जिनके व्यक्तित्व में उन्हें भारतीय संस्कृति के प्रति समर्पण और स्वयं के विचारों का आदर्श दिखाई देता था। उन्होंने गोपाल कृष्ण गोखले को अपना गुरु स्वीकार करते हुए, उस समय के दो अन्य महान नेताओं से उनकी तुलना इस प्रकार की है–*"सर फिरोजशाह तो मुझे हिमालय जैसे और लोकमान्य समुद्र के समान लगे। गोखले, गंगा से जान पड़े। उसमें मैं नहा सकता हूं। हिमालय पर चढ़ा नहीं जा सकता। समुद्र में डूबने का डर रहता है। पर गंगा की गोद में तो क्रीड़ा की जा सकती है, उसमें डोंगी खेई जा सकती है।"*[3]

---

2. अरिंदम चौधरी ने यह विचार गांधी दर्शन के संदर्भ में लिखे गए एक लेख में व्यक्त किए हैं।
3. माई एक्सपेरिमेंट विद ट्रूथ, पृ. 175

गांधीजी ने जीवन पर्यन्त गोखले जी की समस्त नीतियों को अंगीकार किया। गांधीजी ने उनकी मृत्यु के पश्चात भी उनकी शक्ति को स्वीकार करते हुए कहा था—*"राजनीतिक क्षेत्र में जो स्थान गोखले ने जीवित अवस्था में ही मेरे हृदय में बनाया और आज स्वर्गवासी हो जाने के बाद भी जिस पर वह विराज रहे हैं, उस स्थान का अधिकारी कोई दूसरा न हो सका।"*[4]

गोखले जी के प्रति अपने विश्वास का परिचय देते हुए गांधी जी ने कहा है—*"गोखले के जीते-जी मुझे सोसायटी में दाखिल होने का प्रयत्न करने की आवश्यकता न थी। मुझे तो केवल गोखले की आज्ञा के और इच्छा के अधीन होकर चलना था। यह स्थिति मुझे पसंद थी। भारतवर्ष के तूफ़ानी समुद्र में कूदते हुए मुझे एक कर्णधार की आवश्यकता थी और गोखले सरीखे कर्णधार के नीचे मैं सुरक्षित था।"*[5]

उपरोक्त विचारों से पता चलता है कि गांधीजी जीते जी भी गोखले के प्रति समर्पित थे और उनकी मृत्यु के पश्चात भी, क्योंकि उनकी निष्ठा और आदर्श हमेशा अपरिवर्तित रहे। गांधीजी ने जिसे भी स्वीकार किया उसे पूरे मन के साथ स्वीकार किया और साथ-ही-साथ उसकी नीतियों और आदर्शों को अपने जीवन में उतारकर और अधिक विस्तार देने की कोशिश की। किसी भी सफल मैनेजमेंट गुरु के लिए यह आवश्यक है कि वह सोच-समझकर अपने आदर्श निर्धारित करे और उसके पश्चात अपने आदर्श के अनुरूप आचरण करने की कोशिश भी करे। गांधीजी की नीतियों से प्रेरणा लेकर एक सफल 'मैनेजमेंट मैनेजर' बनने के लिए निम्न तथ्यों पर ध्यान दें—

- *कार्य-क्षेत्र की सटीक जानकारी रखें।*
- *पहनावा और जीवन-शैली उद्देश्यों और कार्यक्षेत्र के सहयोगियों की मानसिकता के अनुकूल होने चाहिए।*
- *उद्देश्य प्राप्ति के लिए क्षमताओं और संसाधनों का अधिकतम प्रयोग करें।*
- *मार्गदर्शक का चुनाव सोच-समझकर करें।*
- *दूसरों पर भरोसा करें और उनके भरोसे को भी कायम रखें।*

❑❑

---

4. माई एक्सपेरिमेंट विद ट्रूथ, पृ. 175
5. माई एक्सपेरिमेंट विद ट्रूथ, पृ. 358

2

स्थिति का सही विश्लेषण

मुझे इसमें ज़रा भी सन्देह नहीं कि हमारे हिन्दुस्तान जैसे देश में, जहां लाखों आदमी बेकार पड़े हैं, लोग ईमानदारी के साथ अपनी रोज़ी कमा सकें, इसके लिए उनके हाथ-पैरों को किसी-न-किसी काम में लगाए रखना ज़रूरी है। खादी और कुटीर-उद्योग उनके लिए आवश्यक हैं। मेरे लिए यह बात सूर्य के प्रकाश की भांति स्पष्ट है कि इन उद्योगों की आज सख़्त ज़रूरत है। भविष्य में इनका क्या होगा, यह मैं नहीं जानता, न जानने की चिन्ता ही करता हूँ।

–सम्पूर्ण गांधी वाङ्मय (खण्ड 64), पृ. 195

स्थिति का सही विश्लेषण

अपनी शक्ति और सामर्थ्य का सही अंदाज़ा लगाये बिना, आप जीवन के किसी भी क्षेत्र में न तो सही निर्णय ले सकते हैं और न ही सफलता प्राप्त कर सकते हैं। आज भी हमें ऐसी घटनाएं दिखाई पड़ती हैं, जिनसे ये पता चलता है कि एक विद्यार्थी 'आई.ए.एस.' बनने की तैयारी कर रहा था, लेकिन अचानक नकारात्मक परिणाम आने पर उसने आत्महत्या कर ली। किसी छात्रा ने अपनी परीक्षा में 'फेल' हो जाने के कारण तीसरी मंज़िल से छलांग लगा दी। ये सारी घटनाएं इस बात की परिचायक हैं कि विद्यार्थी ने अपनी स्थिति और सामर्थ्य का सही विश्लेषण नहीं किया। उसने उद्देश्य बड़ा निर्धारित कर लिया, लेकिन उसकी सामर्थ्य वहां तक पहुंचने की नहीं थी।

गांधीजी ने इस स्थिति को भली-भांति समझा और अपनी स्थिति और अपनी सामर्थ्य का सही विश्लेषण करते हुए, अंग्रेज़ों से लड़ने के लिए अपनी नीति तैयार की। यह उनकी नीतियों का परिणाम था कि एक समय ऐसा आ गया था, जब ब्रिटिश वायसराय माइक बवेल ने झुंझलाकर कहा था कि *'इस बुजुर्ग का हमारे पास कोई भी इलाज़ नहीं है। हम इसका करें तो क्या करें?'* उनके इस वाक्य में ही गांधीजी की सफलता भी छुपी हुई है। उन्होंने अपने लक्ष्य को प्राप्त करने के लिए, अपनी नीतियों का प्रबंधन इस प्रकार किया कि सामने वाले को उनका कोई जवाब ही नहीं सूझ रहा था।

अनुभव का ख़ज़ाना

गांधीजी का जीवन उस सोने की भांति था, जो आग में तपकर कुंदन बन

जाता है। उन्होंने अपनी शिक्षा प्राप्त करने के दौरान इंग्लैंड और फिर अफ्रीका में जो समय व्यतीत किया, उसने उनके व्यक्तित्व में जिस विराटता को विस्तार दिया, वह केवल सैद्धांतिक ही नहीं बल्कि पूरी तरह से व्यावहारिक भी थी। दक्षिण अफ्रीका के शहर 'जोहान्सबर्ग' में जब गांधीजी होटल में कमरा लेने के लिए पहुंचे और उन्हें देखकर जब 'होटल मैनेजर' ने यह कहा कि यहां कोई भी कमरा खाली नहीं है। उन्होंने यह घटना जब उन्हें वहां निमंत्रित करने वाले अब्दुल्ला सेठ को सुनाई तो उन्होंने कहा कि–*"भला होटल में वह हमें उतरने देते' इस पर गांधी जी ने उनसे पूछा कि क्यों नही? अब्दुल्ला सेठ ने उनसे कहा कि–"यह तो आप थोड़े दिन रहने पर जान जायेंगे। इस देश में तो हमी रह सकते हैं। हमें पैसा कमाना है, इसलिए बहुत अपमान सहते हुए भी पड़े हैं।"*[1]

उस समय से ही गांधी जी को यह आभास होने लगा था कि एक मनुष्य का दूसरे मनुष्य के साथ रंग-रूप के आधार पर किया जाने वाला भेद-भाव ठीक नहीं है। दक्षिण अफ्रीका में उस समय भारतीयों की स्थिति बहुत अधिक ख़राब थी। भारतीयों की इस स्थिति का विश्लेषण करते हुए उन्होंने कहा है–*"हम दक्षिण अफ्रीका में 'कुली' नाम से मशहूर हैं। 'कुली' शब्द का अर्थ अपने यहाँ तो सिर्फ़ मजदूर किया जाता है। पर दक्षिण अफ्रीका में इस शब्द का जो अर्थ किया जाता है वह भंगी, चमार इत्यादि तिरस्कारपूचक शब्दों से ही व्यक्त किया जा सकता है। दक्षिण अफ्रीका में जो स्थान कुलियों के रहने के लिए अलग किये गये हैं। वे 'कुली लोकेशन' कहलाते हैं। ऐसा एक लोकेशन 'जोहान्सबर्ग' में था और अन्यत्र सब जगहों में जो 'लोकेशन' रखे गये थे और आज भी हैं, वहां हिंदुस्तानियों को कोई मालिक़ाना हक़ नहीं था।"*[2]

दक्षिण अफ्रीका की स्थिति का ज़िक्र करते हुए उन्होंने कहा है कि वहां हज्जाम, कुली भारतीयों के बाल नहीं काटते थे। गांधीजी हर स्थिति में अपने संयम का परिचय देते हुए, उसका सही विश्लेषण करने की कोशिश भी करते

---

1. माई एक्सपेरिमेंट विद ट्रूथ, पृ. 118
2. माई एक्सपेरिमेंट विद ट्रूथ, पृ. 271

थे, इसलिए इस स्थिति पर भी उन्होंनें सोचा कि–*"सच पूछिये तो उस हज्जाम का कोई दोष नहीं था। वह काले चमड़ेवालों के बाल काटने लगे तो उसकी रोज़ी मारी जाय। हमीं लोग कहां अपने अछूतों के बाल उच्चवर्ण के हिंदुओं के हज्जामों को काटने देते हैं? इसका बदला मुझे दक्षिण अफ्रीका में एक नहीं, अनेक बार मिला है, और यह हमारी करनी का फल है।"*[3]

अस्पृश्यता, रंगद्वेष और जात-पात के आधार पर किया जाने वाला भेद-भाव मानव जाति पर कलंक है। अस्पृश्यता और भेद-भाव के संदर्भ में उनके प्रमुख विचार इस प्रकार हैं–

- *अस्पृश्यता हमारे राष्ट्र का अभिशाप है।*
- *हरिजन बालकों के साथ सवर्ण हिन्दुओं को अपने सगे बच्चों के समान व्यवहार करना चाहिए।*
- *अस्पृश्य वह है, जो झूठ बोले और पाखंड करे।*
- *मैं पुनर्जन्म की इच्छा नहीं रखता, पर मुझे फिर से जन्म लेना ही पड़े, तो मैं एक अछूत के घर जन्म लेना चाहता हूं, जिससे मैं उनके कष्टों को बांट सकूं।*
- *गांव में रहकर हरिजनों से अलग नहीं रहा जा सकता, क्योंकि वे समाज की नींव हैं।*
- *हिन्दुस्तान के लोग तो कंगाली के कारण वैसे ही अस्पृश्य हैं।*
- *चाहे मैं टुकड़े-टुकड़े कर दिया जाऊं, पर दलित जातियों से आत्मीयता न छोड़ूंगा।*
- *अगर आत्मा एक है और ईश्वर एक है, तो फिर अछूत और अस्पृश्य कोई हो ही नहीं सकता।*
- *भंगी या अस्पृश्य कहे जाने वाले उसी प्रकार आदर भाव के पात्र हैं, जिस प्रकार बचपन में मल-मूत्र उठाने और धोनेवाली माता।*

उपरोक्त तथ्य इस बात की पुष्टि करते हैं कि गांधीजी के विचार, उनके परिपक्व अनुभव से पैदा हुए थे। मेरा मानना है कि हमें एक सफल प्रबंधक

---

3. माई एक्सपेरिमेंट विद ट्रूथ, पृ. 206

बनने के लिए एक बार स्वयं भी उन समस्याओं से होकर गुज़रना होगा जिनका समाधान हम करना चाहते हैं। क्योंकि व्यवहार और सिद्धांत में एक व्यापक अन्तर होता है। सिद्धांत लागू करने से पहले यदि उसके व्यावहारिक पक्ष को आप भली-भांति समझ लेंगे तो आपके द्वारा प्रतिपादित किये गये निष्कर्ष सटीक भी होंगे और उपयोगी भी।

अच्छाई की स्वीकारोक्ति

एक सफल 'मैनेजमेंट' गुरु का यह दायित्व बनता है कि वह केवल दूसरों की ख़ामियां ही न देखे बल्कि जहां-जहां उसे ख़ूबियां दिखाई दें, उनकी भी भरपूर प्रशंसा करे। गांधी जी ने विभिन्न स्थितियों के संदर्भ में हमेशा तटस्थता के साथ सोचा। उन्होंने इस बात को महसूस किया कि कोई भी पूरी जाति अच्छी या बुरी नहीं होती। अच्छाई और बुराई किसी भी व्यक्ति के भीतर छुपी हुई व्यक्तिगत प्रवृतियां हैं। उनके इस विचार के पीछे भी अनेक घटनाएं जुड़ी हुई थीं। अपनी दक्षिण अफ्रीका यात्रा के दौरान, उन्हें कुछ ऐसे गोरे भी मिले, जिन्होंने उनसे सहानुभूतिपूर्वक व्यवहार किया और उन्हें सहयोग भी दिया। जब दक्षिण अफ्रीका में रेल यात्रा के दौरान गार्ड ने उन्हें पहले दर्ज़े के डिब्बे से उतारने के लिए फटकारा तो इस स्थिति के बारे में उन्होंने कहा है–*"इस डिब्बे में एक ही अंग्रेज़ मुसाफिर था। उसने उस गार्ड को फटकारा, तुम इस भले आदमी को क्यों तंग करते हो? देखते नहीं हो, इसके पास पहले दर्ज़े का टिकट है? मुझे उनके बैठने से कोई कष्ट नहीं है।" यह कहकर उसने मेरी ओर देखा और कहा–"आप इत्मीनान से बैठे रहें।" गार्ड बड़बड़ाया, "आपको कुली के साथ बैठना है तो मेरा क्या बिगड़ता है।"–कहकर चलता बना।*[4]

जब जिन्ना की घोषणा पर 'सीधी कार्यवाही के दिन' कोलकाता में सांप्रदायिक दंगों का भारी विप्लव मच रहा था, गांधी जी उस समय भारत के दूसरे हिस्सों में शांति कायम करने के लिए प्रयासरत थे। बाद में लार्ड माउंटबेटन के कहने पर, शांति स्थापित करने के इरादे से वह कोलकाता पहुंचे। वहां

4. माई एक्सपेरिमेंट विद ट्रूथ, पृ. 120

सुहरावर्दी नाम के एक मुसलमान ने जब उनसे निवेदन किया कि बापू यदि आप कोलकाता में रहेंगे तो यहां के माहौल पर काफी फ़र्क़ पड़ेगा। अब तक यहां जो हुआ है, हम उसके लिए शर्मिंदा हैं। गांधी जी ने यह महसूस किया कि सुहरावर्दी की आवाज़ एक पश्चाताप करते हुए व्यक्ति की आवाज़ है। दामिनिक लैपियर और लैरी कॉलिन्स ने उनके इस गुण की चर्चा करते हुए कहा है–*"गांधीजी का एक विलक्षण गुण यह था कि वह दुश्मन की भी अच्छाई पहचान लेते थे, फिर धीरे-धीरे उस अच्छाई को उभारने का प्रयास करते थे। उन्होंने महसूस किया कि सुहरावर्दी के हृदय में अपने मुसलमान अनुयायियों के भविष्य के बारे में सच्ची हमदर्दी है।"*[5]

गांधी जी का मानना था कि किसी भी निर्णय पर पहुंचने से पहले हमें अपने विरोधी की बातों को भी ध्यानपूर्वक सुनना चाहिए। जब तक हम उसके विचारों को और उसकी विचारधारा को पूरी तरह से नहीं जानेंगे तब तक हम उसके उद्देश्य को नहीं समझ सकते। उनका कहना था–*"विश्व के तीन चौथाई भ्रम और दुःख ओझल हो जायें, यदि हम अपने विरोधी के विचारों को सही परिप्रेक्ष्य में समझ सकें।"*[6]

शिक्षा के संदर्भ में विश्लेषण

गांधीजी ने हमेशा एक सफल 'मैनेजमेंट' गुरु की भांति अपने समय और काल की परिस्थितियों का सही विश्लेषण किया। वह जानते थे कि भारत जैसे पिछड़े और अंग्रेज़ों के शोषण के कारण पूरी तरह बर्बाद हो चुके देश में, शिक्षा के बिना प्रगति नहीं हो सकती। इसलिए देश की प्रगति के लिए, उन्होंने हमेंशा उन बिन्दुओं पर जोर दिया, जिनसे विभिन्न समस्याओं से जुड़े हुए मौलिक प्रश्न हल हो सकते थे। इसलिए उन्होंने कहा कि हमें शिक्षा की भारी आवश्यकता है, लेकिन उस शिक्षा में भी वह एक गुणवत्ता की बात करते थे। उनका कहना था–*"जिस शिक्षा से न राष्ट्र को लाभ हो और न व्यक्ति को, उसका ख़र्चा*

---

5. फ्रीडम एट मिटनाइट, पृ. 264
6. यंग इण्डिया, (19-3-25), पृ. 95

भरना अपराध है। मेरी राय में, व्यक्तिगत लाभ नाम की वास्तव में ऐसी कोई चीज़ नहीं है, जो राष्ट्र के लिए भी लाभदायक सिद्ध न की जा सकती हो और मेरे अधिकांश आलोचक भी इस बात को स्वीकार करते ही हैं कि वर्तमान उच्चतर शिक्षा का—और उच्चतर शिक्षा का ही क्यों, प्राथमिक और माध्यमिक शिक्षा का—वास्तविकता से कोई सम्बन्ध नहीं है। अगर बात ऐसी है, तो स्पष्ट ही वह शिक्षा राज्य के लिए भी लाभदायक नहीं हो सकती।"[7]

हम लोग अधिकार प्राप्त करने के लिए कितनी ही लड़ाई लड़ते रहें—यदि शिक्षा में पिछड़े हुए रहे, तो किसी भी हालत में हमारी स्थिति, जैसी होनी चाहिए वैसी नहीं हो पाएगी।[8]

ठोस ज्ञान की आवश्यकता पर बल

गांधी जी ने हमेशा सिद्धांत की अपेक्षा व्यावहारिक मुद्दों को अधिक महत्त्व दिया। उनका मानना था कि शिक्षा का उद्देश्य केवल हमारे नौजवानों की सोच को नौकरी तक सीमित करना नहीं होना चाहिए। शिक्षा ऐसी होनी चाहिए जिससे व्यक्ति के व्यक्तित्व का सम्पूर्ण विकास हो सके। इसलिए उन्होंने कहा—*"साधारण स्कूलों और कॉलेजों में लोग 'नौकरी' के ख़्याल से पढ़ने जाते हैं, परीक्षा के लिए पढ़ते हैं, और परीक्षा-भवन से निकलते ही अपनी पुस्तकों और उनसे प्राप्त ज्ञान को भूल जाते हैं। अधिकांश लोगों को ज्ञान की अपेक्षा उपाधि की चिन्ता विशेष होती है।"*[9]

इसलिए एक सफल 'मैनेजमेंट मैनेजर' को अपने भीतर केवल किताबी ही नहीं वरन उसके साथ-साथ ठोस ज्ञान का विकास भी करना चाहिए।

आत्म-विश्लेषण की क्षमता

प्रबंधन के क्षेत्र में कार्य करने वाले व्यक्ति को अपनी क्षमताओं का सही ज्ञान होना अत्यंत आवश्यक है। यदि हमें अपनी क्षमताओं का सही ज्ञान नहीं

---

7. सम्पूर्ण गांधी वाङ्मय (खण्ड 67), पृ. 239
8. सम्पूर्ण गांधी वाङ्मय (खण्ड 6), पृ. 284
9. सम्पूर्ण गांधी वाङ्मय (खण्ड 63), पृ. 57

है तो हमारे निर्णय ग़लत हो जाएंगे। ऐसी स्थिति में हम स्वयं के लिए और उस संस्थान के लिए भी घातक हो सकते हैं, जिसमें हम कार्य कर रहे हैं। इसलिए हमें अपने मन और अपनी क्षमताओं के अनुसार ही अपने कार्य की दिशा निर्धारित करनी चाहिए। गांधी जी ने सबसे पहले भारतीय जनमानस और स्वयं की शक्तियों का विश्लेषण किया और फिर इस देश के मानस को पहचानकर सत्य-अहिंसा और सत्याग्रह के आधार पर अपने आंदोलनों को आगे बढ़ाने का फैसला लिया। जब उन्हें यह लगा कि उनके किसी आंदोलन से कोई चिंगारी भड़क सकती है, तो उन्होंने उसे तुरन्त वापस भी ले लिया, क्योंकि वे अंग्रेज़ों को कोई भी ऐसा मौक़ा नहीं देना चाहते थे, जिससे उनकी लक्ष्य प्राप्ति के उद्देश्यों पर पूर्ण विराम लग जाए।

गांधीजी ने अपने सिद्धांतों के द्वारा किस प्रकार देश के राजनीतिक, आर्थिक और सामाजिक बदलावों को प्रेरित किया, वह अपने आप में एक अद्भुत उदाहरण है। जब हम गांधी जी की नीतियों की बात करते हैं तो हमें ये ध्यान रखना चाहिए कि ये आज़ादी से पहले का समय है। उस समय और आज की परिस्थितियों में बड़ा भारी अंतर है। हम वर्तमान स्थितियों को ध्यान में रखते हुए, उस समय के परिदृश्य की परिकल्पना नहीं कर सकते। उस समय की स्थितियों की सही जानकारी के लिए हमें आज़ादी से पहले की सामाजिक, आर्थिक और राजनीतिक स्थितियों को ध्यान में रखना पड़ेगा।

गांव की स्थिति का सही विश्लेषण

आज़ादी से पहले का समय, वह समय था जब भारत की राजनीतिक और आर्थिक संरचना पूरी तरह से गांवों पर टिकी हुई थी। गांवों में होने वाले पंचायत के चुनाव, हमारे देश की प्राथमिक राजनीतिक इकाई थे। देश के राजस्व का एक बड़ा भाग कृषि, सिंचाई और गांवों में लगे हुए उद्योगों से एकत्र किया जाता था। गांव वह जगह थी, जहां पर लोग एक-दूसरे को व्यक्तिगत रूप से जानते थे और एक दूसरे के सुख-दुःख में अपनी भागीदारी भी करते थे।

इसलिए गांधी जी ने अपनी नीतियों और अपने समस्त आंदोलनों में यह कोशिश की कि गांवों में रहने वाले लोग भारत की आत्मा के साथ जुड़कर कार्य करें। उन्होंने भारत की उन्नति के लिए गांवों के विकास पर बल दिया और अपनी 'मैनेजमेंट' क्षमताओं का परिचय देते हुए अपने सभी आंदोलनों में गांव की आत्मा को ध्यान में रखते हुए अपनी नीतियां प्रतिपादित कीं। उन्होंने कहा है–*"यदि गांव का नाश हुआ तो भारत का नाश हो जाएगा। गांव का पुनरुत्थान उसी समय सम्भव होगा, जब उनका और अधिक शोषण नहीं होगा। यदि बड़े पैमाने पर औद्योगीकरण किया गया, तो निश्चित रूप से वह ग्रामीणों का शोषण करेगा, क्योंकि प्रतियोगिता में गांव कहीं नहीं ठहरेंगे। इसलिए हमें इस बात पर केन्द्रित होना चाहिए कि गांव आत्मनिर्भर हों, और वे अपने ही उपयोग की वस्तुओं का उत्पादन करें। यदि ग्रामीण उद्योगों की इस मान्यता को स्वीकार कर लिया जाए, तब गांव में अधिकाधिक मशीनों के उपयोग से भी कोई हानि नहीं होगी। केवल इनका उपयोग किसी के शोषण के लिए नहीं किया जाना चाहिए।"*[10]

गांधीजी के आर्थिक मॉडल में गांवों को विशेष महत्त्व दिया गया। उन्होंने कहा कि हमें ऐसे उद्योगों की स्थापना करनी चाहिए, जिससे गांवों में रहने वाले आम आदमियों की संरचनात्मक क्षमता का विकास हो। हमें अपने प्राकृतिक संसाधनों को नुक़सान पहुंचाए बिना अपने उद्योगों का और अपने संसाधनों का विकास करना चाहिए। हमें गांवों के आस-पास के कस्बों में, इस तरह के उद्योग स्थापित करने चाहिए, जिनमें काम करके गांव में रहने वाले लोग वापिस अपने घर लौट सके। ये छोटे उद्योग कस्बों के लिए भी लाभकारी रहेंगे और इससे धीरे-धीरे हमारे गांवों का विकास भी होने लगेगा। उन्होंने कहा कि ऐसा करने से धीरे-धीरे पूंजी निर्माण भी होगा और इससे हरित क्रांति को बढ़ावा मिलेगा। गांधी जी ने हमेशा स्थानीय स्तर पर दूरसंचार की सेवाओं को बढ़ाने पर बल दिया।

---

10. हरिजन, 29-8-1936

गांधी जी ने कभी भी मशीनरी, विज्ञान और तक़नीक का विरोध नहीं किया। बल्कि उनकी कुछ ख़ामियों के साथ उन्हें स्वीकार किया। जब सन् 1924 में एक व्यक्ति ने उनसे पूछा कि क्या आप आधुनिकीकरण के विरोधी हैं, तब उन्होंने कहा था कि *"मैं मशीनीकरण का विरोधी कैसे हो सकता हूं, मैं जानता हूं कि हमारी बॉडी का प्रत्येक हिस्सा भी एक मशीनरी है। सूत कातने वाली तकली भी एक मशीन है। एक छोटी 'टूथपिक' भी एक मशीन है। मेरा विरोध किसी मशीनरी से नहीं है, बल्कि उन स्थितियों से है, जिनमें एक व्यक्ति करोड़ों लोगों के हितों को नुक़सान पहुंचाकर अपना कार्य करना चाहता है।*

यह एक ऐतिहासिक तथ्य है कि ईस्ट-इंडिया कम्पनी के भारत-आगमन से पूर्व ये ग्रामवासी बेकार नहीं थे और आज कोई भी जाकर देख ले कि वे बेरोज़गार हैं। इसलिए इस बात को समझने में किसी विशेष प्रयत्न या जांच-पड़ताल की ज़रूरत नहीं है, कि यदि वे वर्ष के छः महीने काम नहीं कर सकेंगे, तो उन्हें भूखों ही रहना पड़ेगा।"[11]

आर्थिक समानता

आर्थिक समानता के लिए काम करने का मतलब है पूंजी और मज़दूरों के बीच के झगड़ों को हमेशा के लिए मिटा देना। ...अगर धनवान लोग अपने धन को और उसके कारण मिलने वाली सत्ता को खुद राज़ी-खुशी से छोड़कर और सबके कल्याण के लिए सबों के साथ मिलकर बरतने को तैयार न होंगे, तो यह सच समझिए कि हमारे मुल्क में हिंसक और खूंखार क्रांति हुए बिना नहीं रहेगी।

पाखंड का विरोध

एक सफल 'मैनेजमेंट' गुरु के लिए यह आवश्यक है कि वह अपने आपको आधुनिक तक़नीकों से जोड़कर रखे और उन पुरानी और ऐसी परम्पराओं, जो पाखंड का रूप ले चुकी हों, उनका विरोध करें। गांधी जी की ईश्वर के प्रति

---

11. सम्पूर्ण गांधी वाङ्मय (खण्ड 48), पृ. 11

भरपूर आस्था थी, लेकिन समाज में पाखंड फैलाने वाले रीति-रिवाज़ों का उन्होंने हमेशा डटकर विरोध किया। निम्न घटना से उनके दृष्टिकोण की जानकारी मिलती है– *"बड़ी उम्र होने पर दूसरों ने मुझे जनेऊ पहनाने का प्रयत्न हिंदुस्तान और दक्षिण अफ्रीका में भी किया था, पर मुझ पर उनकी दलीलों का असर न हुआ। शूद्र, जनेऊ न पहनें तो दूसरे वर्ण क्यों पहनें? जिस बाह्य वस्तु का चलन हमारे कुटुंब में नहीं था, उसे प्रविष्ट करने का मुझे एक भी सबल कारण नहीं मिला था। मेरे लिए जनेऊ का अभाव नहीं था, पर उसे पहनने के कारण का अभाव था। वैष्णव होने के कारण मैं कंठी पहनता था। शिखा तो बुजुर्ग लोग हम भाइयों के सिर पर रखाते थे। विलायत जाते समय वहां सिर नंगा रहना होगा। गोरे उसे देखकर हंसेंगे और जंगली समझेंगे–इस शर्म से शिखा कटा दी थी। मेरे साथ रहनेवाले मेरे भतीजे छगनलाल गांधी दक्षिण अफ्रीका में बड़ी श्रद्धा से शिखा धारण किये हुए थे। वह शिखा उनके सार्वजनिक काम में बाधक होगी–इस वहम से मैंने उनका मन दुखाकर भी उसे कटवा दिया था। इस प्रकार शिखा की मुझे शर्म थी।"*[12]

उन्होंने केवल पाखंड का ही विरोध नहीं किया बल्कि समाज-सुधार के लिए स्त्रियों की शिक्षा-दीक्षा और समाज में उनके व्यापक योगदान पर भी बल दिया। गांधी जी जानते थे कि आगे आने वाले समय में हिन्दुस्तान को एक शक्तिपुंज बनाने के लिए महिलाओं की स्थिति में सुधार करना ही पड़ेगा, इसलिए उन्होंने कहा– *"बाल-विवाह, हर लड़की के लिए विवाह को आवश्यक मानने वाला धर्म, मासिक-धर्म शुरू होने से पहले विवाह करने की आवश्यकता, विधवा का पुनर्विवाह न करने का समाज द्वारा लगाया हुआ प्रतिबन्ध वग़ैरा प्रथाएं जब तक बन्द नहीं होंगी, तब तक स्त्री-जाति आगे नहीं बढ़ सकती।"*[13]

आम-जन के साथ सामंजस्य

यदि आप ऐसे व्यक्ति हैं, जिसे अपना कार्य पूरा करने के लिए प्रत्यक्ष रूप से विभिन्न लोगों के सम्पर्क में रहना पड़ता है तो आपके लिए गांधीजी से बेहतर

12. माई एक्सपेरिमेंट विद ट्रूथ, पृ. 364

आदर्श कोई दूसरा नहीं हो सकता। उन्होंने हमेशा एक सफल 'मैनेजमेंट' गुरु की भांति वक़्त की आहट को पहचानते हुए अपनी नीतियों का निर्धारण किया। वह उन लोगों के दिलों की धड़कन बन गए, जो उनके साथ काम करते थे। उनके इस गुण पर टिप्पणी करते हुए *लैरी कॉलिन्स* और *दामिनिक लैपियर* ने कहा है– *"गांधी जी भारत के जन-जीवन में इतना घुल-मिल गये थे, उनके सुख-दुख में, उनके प्रतिदिन के जीवन में, उनके इतना साथ रहे थे कि उनमें अपने देश के तेवर पहचानने की विलक्षण क्षमता पैदा हो गयी थी। उनके अनुयायी अक्सर कहा करते थे कि वह प्राचीन भारतीय लोक कथाओं के किसी ऐसे पहुंचे हुए महात्मा की तरह थे, जो जाड़े की ठिठुरती हुई रात में अलाव के पास बैठकर, आग तापते-तापते अचानक कांप उठे और उन्होंने एक शिष्य से कहा, "बाहर देखो, वहां अंधेरे में कोई ग़रीब बेचारा सरदी से ठिठुर रहा है।" शिष्य देखता तो सचमुच वहां कोई आदमी खड़ा होता। गांधी जी के शिष्यों का कहना था कि वह भी भारत की आत्मा को इतने ही सहज भाव से समझ लेते थे।"*[14]

दूसरे व्यक्तियों के साथ सामंजस्य स्थापित करने के लिए गांधी जी ने निम्न तथ्यों को अपनाने पर बल दिया–

- *अपने को पहचानने के लिये मनुष्य को अपने से बाहर निकल कर तटस्थ बनकर अपने को देखना है।*
- *जैसे हमारी पीठ दूसरा आदमी ही देखता है, हम नहीं, ऐसे ही हमारे दोष भी हम नहीं देखते हैं।*
- *मनुष्य जब एक नियम तोड़ता है तो दूसरे अपने आप टूट जाते हैं।*
- *हमारी स्थिति के कर्त्ता हम ही हैं।*
- *आसक्ति से किये हुए शुद्ध काम में भी दाव-पेंच आते ही हैं।*
- *अमृत भी उसमें ज़हर पड़ने से ज़हर बन जाता है।*

---

13. सम्पूर्ण गांधी वाङ्मय (खण्ड 50), पृ. 236-237
14. फ्रीडम एट मिडनाइट, पृ: 260

समय की सही पहचान

इंतज़ार करने वालों को चीज़ें मिलती तो हैं लेकिन सिर्फ़ वही मिलती हैं, जो संघर्ष करने वाले छोड़ देते हैं।[15]

मेरा मानना है कि ज़िंदगी में यह बात उतनी महत्त्वपूर्ण नहीं है कि आपने क्या प्राप्त किया, बल्कि यह बात अधिक महत्वपूर्ण है कि आपने चीज़ों को कब प्राप्त किया। इस विषय में पारंगत होने के लिए किसी भी सफल व्यक्ति को समय की आहट की सही पहचान होनी चाहिए। कुछ लोगों का कहना है कि गांधीजी ने सत्याग्रह और अहिंसा के जिस रूप का वर्णन किया है, अंग्रेज़ उससे घबराकर किस प्रकार हिन्दुस्तान छोड़ सकते थे? जबकि इसके विपरीत गांधीजी ने अपनी नीतियों के द्वारा समाज को एक साथ एकजुट करके, जब स्वयं को शाक्तिशाली बना लिया तो फिर उन्होंने अपने स्वर को बुलंद करते हुए जो कहा, उनके आलोचक उसका उल्लेख नहीं करते, उसके बारे में *फ्रीडम एट मिडनाईट* में कहा गया है—*"बंबई के एक सभा-भवन में, जहां गर्मी के मारे दम घुटा ज़ा रहा था, गांधी जी ने 8 अगस्त, 1942 को आधी रात के फौरन बाद अखिल भारतीय कांग्रेस कमेटी के अपने अनुयायियों को लड़ाई के मैदान में कूद पड़ने के लिए ललकारा। उनका स्वर शांत और संयत था, परंतु उन्होंने जो शब्द कहे उनमें इतना आवेश और भावावेग था कि गाँधी जी के मुंह से वे अजीब लगते थे।"*[16]

गांधीजी ने जब यह महसूस किया कि अब हमें अंग्रेज़ों से सीधे-सीधे बात करनी पड़ेगी। जब उन्हें यह लगा कि भारत की स्वतंत्रता का संग्राम अब एक ऐसे मोड़ पर पहुंच गया है, जहां से हम ब्रिटिश साम्राज्य के साथ दो टूक बात कर सकते हैं, तो उन्होंने कहा—*"मुझे तुरंत आज़ादी चाहिए"* उन्होंने कहा, *"आज ही रात को, अगर हो सके तो भोर होने से पहले।"...*

..."मैं आप लोगों को एक मंत्र देता हूं, बहुत छोटा-सा मंत्र है", उन्होंने *अपने अनुयायियों से कहा—"वह मंत्र है करो या मरो। हम या तो भारत को*

15. अब्राहिम लिंकन अमेरिका के लोकप्रिय राष्ट्रपति रहे हैं।
16. फ्रीडम एट मिडनाइट, पृ. 84

आज़ाद करा लेंगे या इसकी कोशिश करते हुए अपने प्राण दे देंगे; हम यह देखने के लिए ज़िंदा नहीं रहेंगे कि हमारी ग़ुलामी को हमेशा के लिए पक्का कर दिया जाए।"[17]

मुझे लगता है कि एक सफल 'मैनेजमेंट' गुरु को अपने कार्यों को सफलतापूर्वक संपादित करने के लिए स्थिति का सही विश्लेषण और शक्ति अर्जित करके सही समय पर सही निर्णय करने की क्षमता विकसित करनी चाहिए। गांधी जी के विचारों और भारत के स्वतंत्रता संग्राम के समय लिये गए विभिन्न निर्णयों से हमें इस विषय में केवल जानकारी ही नहीं मिलती बल्कि उनकी नीतियां, आज के संदर्भ में भी हमें नई रोशनी, नई ऊर्जा, नया उत्साह और नई दिशाएं दिखलाने का कार्य करती हैं।

आइये, गांधीजी की कार्य-पद्धति से प्रेरणा लेकर इन बातों को अपने जीवन में आज से ही लागू करें–

- *किसी भी क्षेत्र में कार्य करने से पहले उसकी स्थिति का सही विश्लेषण करना।*
- *अनुभव अर्जित करके अपने ज्ञान को व्यावहारिक बनाना।*
- *दूसरों की अच्छाइयों को स्वीकार करना और उन्हें अपने जीवन में उतारना। हम अपने साथ जैसा व्यवहार पसंद करते हैं, दूसरों के साथ भी वैसा ही व्यवहार करें।*
- *दूसरों पर विश्वास करना और संकट के समय उनकी सहायता करना।*
- *शिक्षा के महत्त्व को स्वीकार करना और ये संकल्प लेना कि हम अपने ज्ञान में निरंतर वृद्धि करते रहेंगे।*
- *सबको समान समझना और पाखंड का विरोध करना।*
- *जिन लोगों के साथ काम करते हैं, उनके साथ सद्भावपूर्ण सम्बंध बनाकर सामंजस्य स्थापित करना।*
- *समय, स्थिति और वातावरण के अनुसार अपने उद्देश्य और उन्हें प्राप्त करने के साधन निर्धारित करना।*

❑❑

---

17. फ्रीडम एट मिडनाइट, पृ. 84

3

चरित्र-निर्माण की क्षमता

मैं यह मानता हूं और मेरा यह अनेक बार का अनुभव है कि कोई व्यक्ति कितना भी योग्य क्यों न हो, उसके गुप्त अनीतिपूर्ण कृत्य का असर उसके काम पर पड़े बिना नहीं रहता। इस नियम का एक सुदृढ़ आधार है और वह यह है कि वह व्यक्ति जो काम करता है, उसके लिए नीति की आवश्यकता है। योग्यता के अभाव के बावजूद, जिनका चरित्र पूर्णतः दोषरहित है, उनका काम सफल हुआ है।

–सम्पूर्ण गांधी वाङ्मय (खण्ड 64), पृ. 175

चरित्र-निर्माण की क्षमता

किसी भी आंदोलन, किसी भी संस्थान और किसी भी व्यवसाय का नेतृत्व करने के लिए, उस व्यक्ति के द्वारा जोकि उसका नेतृत्व कर रहा है, एक आदर्श की स्थापना अवश्य की जानी चाहिए। यदि आप अपनी कार्य-शैली और विचारों के द्वारा, अपने साथ कार्य करने वाले अन्य व्यक्तियों को प्रभावित नहीं कर सकते, तो वे आपकी नेतृत्व-क्षमता को स्वीकार नहीं करेंगे। इसके लिए आपको अपने चरित्र को एक ऐसे सांचे में ढालना होगा कि उसे देखने वाले प्रत्येक व्यक्ति को उस सांचे में अपना आदर्श दिखाई दे। गांधीजी ने मन, वचन और कर्म के साथ स्वयं के लिए निर्धारित किये गये आदर्शों का जिस प्रकार पालन किया, उन सिद्धांतों के कारण ही उनके चरित्र में वह शक्ति आ गयी, जिसने उन्हें केवल राष्ट्रीय स्तर पर ही नहीं वरन अन्तर्राष्ट्रीय स्तर पर लोकप्रिय कर दिया।

गांधी जी की सबसे बड़ी विशेषता यह थी कि उनके विरोधी भी उनकी कार्य-क्षमता और विभिन्न विषयों पर उनके विचारों की ताक़त को स्वीकार करते थे। गांधीजी ने हमेशा ये कोशिश की कि समाज की बुराइयां समाप्त होनी चाहिए। चाहे इसके लिए मुझे कितनी भी बड़ी क़ीमत चुकानी पड़े। जब विभाजन के समय देश में साम्प्रदायिक हिंसा की आग भड़की तो उन्होंने कहा कि यदि मेरे प्राण देने से भी यह आग बुझ सके तो मैं इसके लिए अपने प्राणों का उत्सर्ग करने के लिए भी तैयार हूं।

महात्मा गांधी के अनुसार सात महापाप हैं—मेहनत के बिना दौलत; अंतरात्मा के बिना आनंद; चरित्र के बिना ज्ञान; नैतिक मूल्यों के बिना व्यापार;

इंसानियत के बिना साइंस; त्याग के बिना धर्म और सिद्धांतों के बिना राजनीति।

चरित्र-निर्माण के सन्दर्भ में उन्होंने कहा है–

- *चरित्र की सीढ़ी है सदाचरण।*
- *चरित्र जीवन की सबसे मूल्यवान वस्तु है।*
- *चरित्र के बिना ज्ञान, बुराई की ताक़त बन जाता है जैसा कि दुनिया के कितने ही 'चालाक चोरों' और 'भलेमानुस बदमाशों' के उदाहरण से स्पष्ट है।*
- *व्यक्ति के चरित्र से ही राष्ट्र का अन्दाज़ा लगाया जाता है।*
- *चरित्र-निर्माण का काम कुछ कम महत्त्वपूर्ण नहीं। इसके बिना आज़ादी पाकर भी भारतीय मनुष्य का मूल्य नहीं बढ़ सकता।*
- *चरित्र की संपत्ति दुनिया की तमाम दौलतों से बढ़कर है।*
- *चरित्र की रक्षा किसी भी मूल्य पर होनी चाहिए।*
- *चरित्र-गठन जैसा रचनात्मक कार्य शिक्षितों के लिए दूसरा नहीं है।*
- *शिक्षा का उद्देश्य चरित्र-निर्माण होना चाहिए। शिक्षा वही है जिसके द्वारा साहस का विकास हो, गुणों में वृद्धि हो और ऊंचे उद्देश्यों के प्रति लगन जागे।*
- *यदि हम व्यक्ति के चरित्र का विकास कर लें, तो समाज अपनी परवाह स्वयं कर लेगा। इस प्रकार के विकसित व्यक्तियों के हाथों में समाज का संगठन सौंपा जा सकता है।*
- *चरित्र के विकास की पहली शर्त है, आन्तरिक विश्वास।*
- *यदि चरित्र-निर्माण न हुआ, तो सारे रचनात्मक कार्यक्रम व्यर्थ हैं।*

मानवीय गुणों का विकास

मानवीय तत्त्वों के अभाव में कोई भी व्यक्ति एक सफल 'मैनेजमेंट' गुरु नहीं बन सकता। अपने प्रभाव क्षेत्र को बढ़ाने के लिए हमें अपने अंदर ऐसे मानवीय गुणों का विकास करना चाहिए, जिनके कारण हमारे प्रभाव क्षेत्र में

आने वाले व्यक्ति, हमारे प्रभाव को स्वीकार किये बिना न रह सकें। यदि मनुष्य में मानवीयता नहीं है तो चाहे वह कितना भी धन कमा ले, लेकिन उसके व्यक्तित्व को मानवीय आधार पर स्वीकृति नहीं मिल सकती। आपकी सफलता इस बात में निहित है कि आपके व्यक्तित्व की सभी ख़ूबियां, समाज द्वारा सम्पूर्ण रूप में स्वीकृत की जाएं। यदि व्यक्ति के भीतर मानवीय गुण नहीं हैं तो वह व्यक्ति हाड-मांस के शरीर में एक शैतान के समान है। इसके विपरीत यदि कोई शैतान भी अपने भीतर, संवेदनशीलता, विनम्रता, बड़ों के प्रति आदर की भावना, छोटों के प्रति प्रेम, सहयोगियों के प्रति समर्पण, कार्यों के प्रति निष्ठा और अपने उद्देश्य की प्राप्ति के लिए, श्रम के महत्त्व को समझने लगे तो यह मान लें कि उसके भीतर मनुष्य जागृत होना शुरू हो गया है। इस विषय में गांधीजी ने कहा है—*"मनुष्य अपने सच्चे स्वभाव का साक्षात्कार तो तभी पाएगा, जब वह भली-भांति समझ लेगा कि मनुष्य बनने के लिए पशुता या दानवता का त्याग करना आवश्यक है। हमें मानव-शरीर जरूर मिल गया है; किंतु अहिंसा का सद्गुण प्राप्त किए बिना, गुण-धर्म की दृष्टि से हम आज भी—हमारे आदि पूर्वज माने जाने वाले उरांट-उटांगों के ही सामान हैं।"*[1]

एक सफल 'मैनेजमेंट' गुरु वही है, जो स्वयं के लिए भी सही दिशा चुन सके और दूसरों को भी सही रास्ता दिखा सके। यदि किसी व्यक्ति की स्वयं की दिशा ही ठीक नहीं है, तो वह किसी भी स्थिति में दूसरों के लिए भी सही दिशा-निर्धारण नहीं कर सकता। इस विषय में गांधी जी ने कहा है—*"दियासलाई में ही यदि अग्नि न हो, तो वह दूसरी लकड़ियों को कैसे सुलगा सकेगी? जो मनुष्य स्वयं ही नीति का पालन नहीं करता, वह दूसरों को क्या सिखाएगा? जो स्वयं डूब रहा है, वह दूसरों को कैसे बचा सकेगा?"*[2]

मनुष्य एक सामाजिक प्राणी है। वह जिस परिवार में जन्मा है, उसकी पहली ज़िम्मेदारी उस परिवार के प्रति है। दूसरी उस समाज के प्रति है, जिसमें उसका परिवार शामिल है और तीसरी उस देश के प्रति है, जिसकी ज़मीन पर

1. सम्पूर्ण गांधी वाङ्मय (खण्ड 67), पृ. 460
2. सम्पूर्ण गांधी वाङ्मय (खण्ड 6), पृ. 360

वह हवा-पानी ग्रहण कर रहा है। यदि कोई व्यक्ति अपने कार्यों के द्वारा अपनी परिवार रूपी इकाई को मज़बूत कर लेता है तो उसी क्षण से समाज और देश के प्रति भी उसका योगदान शुरू हो जाता है। एक सच्चे 'मैनेजमेंट' गुरु का यह दायित्व है कि वह स्वयं भी परिवार, समाज और देश के प्रति अपने कार्यों के द्वारा सकारात्मक योगदान दे और दूसरों को भी ऐसा करने के लिए प्रेरित करे। आइये, कुछ ऐसे गुणों की चर्चा करते हैं, जिनका विकास करके एक साधारण मनुष्य भी एक सफल 'मैनेजमेंट' गुरु बनने की दिशा में कदम बढ़ सकता है।

प्रेम की महत्ता

मेरा मानना है कि दूसरों का प्रेम प्राप्त करने के लिए आपको स्वयं भी प्रेम बांटना पड़ेगा। यहां प्रेम का अर्थ बहुत व्यापक संदर्भों में है। यदि आपका प्रेम किसी व्यक्ति विशेष से न होकर, पूरी सृष्टि और प्राणी मात्र से होना शुरू हो जाए तो आपकी सोच और दृष्टि का फलक ही बदल जायेगा। व्यक्ति के चरित्र-निर्माण का यह एक आवश्यक अंग है। जो प्रेम के स्थान पर दूसरों से घृणा करता है, ऐसे व्यक्ति का चरित्र, कभी भी महान हो ही नहीं सकता। इसलिए प्रेम के संदर्भ में गांधीजी ने कहा है–*"ऐसा कोई भी मनुष्य, जिसके हृदय में प्रेम हो, दूसरों को कष्ट नहीं दे सकता। प्रेम की अभिव्यक्ति तो आत्मपीड़न और आत्मशुद्धि करके ही की जा सकती है।"*[3]

प्रेम विश्व की सर्वोच्च शक्ति है और फिर भी सबसे विनम्र है। प्रेम तक़लीफ उठाता है–न क्रोध करता है और न दूसरों से बदला लेता है। ये प्रेम की ही शक्ति है, जिसने इस धरती पर जन्म लेने वाले अनेक महापुरुषों को, चाहे वह ईसा हों, सुकरात हों, गांधी हों या बुद्ध हों, ईश्वर की श्रेणी में लाकर खड़ा कर दिया है।

जहां प्रेम है, वहां डर को स्थान मिल ही नहीं सकता? शुद्ध प्रेम के लिए संसार में कोई बात असम्भव नहीं है। वह केवल प्रेम ही है, जिसकी वजह से

---

3. सम्पूर्ण गांधी वाङ्मय (खण्ड 56), पृ. 206

आज भी धरती पर जीवन बचा हुआ है। मनुष्य ने तो इस धरा पर इतनी बार रक्तपात किया है कि यदि लोगों के हृदय में प्रेम की भावना नहीं होती तो सब कुछ समाप्त हो गया होता। मेरा मानना है कि यदि किसी 'मैनेजमेंट' गुरु के हृदय में प्रेम की भावना नहीं होगी तो उसके चरित्र का विकास हो ही नहीं सकता। जिसके अभाव में वह अपने सम्पर्क में आने वाले व्यक्तियों को प्रभावित नहीं कर सकता। प्रेम की व्यापकता के संदर्भ में गांधी जी ने कहा है—*"विनाश के बीच भी जीवन बना रहता है। इसलिए विनाश के नियम से भी बड़ा कोई नियम अवश्य होना चाहिए। उस नियम के अन्तर्गत ही सुव्यवस्थित समाज जैसी कोई चीज़ हो सकती है और जीवन जीने योग्य बन सकता है। अगर यही जीवन का नियम है, तो अपने रोज़मर्रा के जीवन-व्यवहार में भी हमें उसी के अनुसार अमल करना चाहिए। उस हालत में, जब कभी संघर्ष का अवसर आए, जहां भी कहीं किसी के विरोध का सामना करना पड़े, प्रेम से ही उस पर विजय प्राप्त करनी चाहिए। अपने जीवन में मैंने तो इसी सीधे-सादे रूप में उस पर अमल किया है।"*[4]

प्रेम के संदर्भ में गांधी जी के उद्‌गार

- *अगर हमारा प्रेम हृदयगत चीज़ है, तो हमारा रास्ता तलवार का नहीं है।*
- *प्रेम की मेरी कल्पना यह है कि वह कुसुम (फूल) से भी कोमल (नरम) और वज्र से भी कठोर होता है।*
- *प्रेम सत्य से खुश रहता है, सब सहन करता है, सब मान लेता है, आशामय है, कभी निष्फल नहीं होता।*
- *जहां प्रेम है वहां परमात्मा है।*
- *हमें प्रेम का क्षेत्र घर से गांव-भर में, गांव से ज़िले-भर में, ज़िले से प्रान्त और प्रान्त से देश-भर में फैलाकर उसे सारे विश्व के लिए विस्तृत बना देना चाहिए।*

---

4. महात्मा गांधी : जीवन और चिन्तन, पृ. 370-71

नैतिकता

एक सफल मैनेजमेंट गुरु अपने अनुगामियों के लिए एक आदर्श होता है। वह अपने क्रियाकलापों के द्वारा जो कुछ भी करता है और जिस तरह से करता है, उसका अनुसरण करने वाले लोग भी वैसा ही करना शुरू कर देते हैं, इसलिए उसे अपने क्रियाकलापों के द्वारा एक ऐसा आदर्श स्थापित करना चाहिए, जिसके द्वारा नैतिक मूल्यों की स्थापना हो सके। गांधी जी ने इस दृष्टि से जो कार्य किये, वो अपने आप में अनूठे हैं। उन्होंने हमेशा नैतिक मूल्यों की स्थापना पर बल दिया। उनका मानना था कि सुधार, चाहे वह राजनीतिक क्षेत्र में किए जाएं, सामाजिक क्षेत्र में या फिर आर्थिक क्षेत्र में, किसी भी क्षेत्र में नैतिक मूल्यों को नहीं छोड़ना चाहिए। उन्होंने कहा है–*"नैतिकता का कार्य शुद्ध हेतु से किया जाए, बस इतना ही महत्त्वपूर्ण नहीं है, वह बिना दवाब के भी किया जाना चाहिए। अपने दफ़्तर में समय पर न पहुंचने पर अपनी नौकरी खो बैठूंगा–इस भय से यदि मैं बड़े सवेरे उठूं, तो उसमें किसी प्रकार की नैतिकता नहीं है। इसी प्रकार अपने पास दौलत न होने के कारण मैं ग़रीबी तथा सादगी से रहूं, तो इसमें भी नीति का समावेश नहीं होता। पर यदि धनवान होते हुए भी मैं यह सोचूं कि जब मेरे आस-पास दरिद्रता और दुःख दिखाई दे रहा है, इस स्थिति में मैं ऐश-आराम किस प्रकार भोग सकता हूं, मुझे भी ग़रीबी और सादगी से ही जीवन बिताना चाहिए–तो इस प्रकार अपनायी गई सादगी नीतिमय मानी जाएगी।"*[5]

भारतीय जनमानस में एक कहावत काफी समय से प्रचलित है, 'नेकी कर कुंए में डाल' हम यह मानने वाले लोग हैं कि हमें हमेशा अच्छे कार्य करने चाहिये। यदि कुछ लोग हमारे उन कार्यों की आलोचना भी करें तो भी हमें अपनी अच्छाई नहीं छोड़नी चाहिए। इसी बात को गांधी जी ने भी स्वीकार किया है–*"हम कितनी ही भलाई क्यों न करें, हमें उसका गुमान नहीं करना चाहिए, और न उसकी क़ीमत आंकनी चाहिए, बल्कि निरन्तर यह इच्छा करते*

5. सम्पूर्ण गांधी वाङ्मय (खण्ड 6), पृ. 302

रहना चाहिए कि हम और अधिक अच्छे बनें, और अधिक भलाई करें। ऐसी इच्छाओं की पूर्ति के लिए किए गए आचरण एवं व्यवहार का नाम ही सच्ची नीति है।"[6]

विनम्रता

गांधीजी का मानना था कि आपको सफल होने के लिए दूसरों के प्रति समर्पित और विनम्र भी होना पड़ेगा। उन्होंने अपने विरोधियों के प्रति भी अपने मन में कभी घृणा का भाव नहीं रखा। उनका मानना था कि किसी व्यक्ति को जब अधिक उपलब्धियां प्राप्त होने लगें तो उसे और भी विनम्र हो जाना चाहिए, क्योंकि घमण्ड और अहंकार व्यक्ति के विवेक को समाप्त कर देता है। इसलिए उन्होंने कहा–*"व्यवहार में हमें आम के पेड़ के जैसा होना चाहिए, जो फल आने पर झुक जाता है। उसकी शानदार विनम्रता ही उसकी शोभा है।"*[7]

गांधी जी का मानना था कि मैंने सत्य और अहिंसा की जिस नीति का प्रतिपादन किया है, वह अन्ततोगत्वा हमें विनम्रता की ओर ले जाती है। इसलिए उन्होंने कहा है–*"अहिंसा की भावना लाज़मी तौर पर विनम्रता की ओर ले जाती है। अहिंसा का मतलब है–उस भगवान पर पूरा भरोसा करना, जो सदा से सबका सहारा रहा है। अगर हम उसकी मदद चाहते हैं, तो हमें अहंकार छोड़कर और पश्चाताप-भरे दिल से उसकी शरण में जाना चाहिए।"*[8]

याद रखें, विनम्रता के बदले विनम्रता मिलती है। उसकी प्रैक्टिस जितनी ज़्यादा हो सके और जितनी बार हो सके, उतनी बार करें। शुरुआत में इसके लिए प्रयास और मेहनत करनी पड़ेगी, मगर यह बहुत मूल्यवान साबित होती है। विनम्रता का होना एक अच्छे इंसान की पहचान है। विनम्रता शिष्टाचार का दूसरा नाम है, जो एक इंसान को ही नहीं, बल्कि पूरे संगठन को फ़ायदा पहुंचाती है।

---

6. सम्पूर्ण गांधी वाङ्मय (खण्ड 6), पृ. 297
7. सम्पूर्ण गांधी वाङ्मय (खण्ड 19), पृ. 225
8. सम्पूर्ण गांधी वाङ्मय (खण्ड 19), पृ. 225

'कमिटमेंट' का महत्त्व

किसी ने ठीक ही कहा है, *"छोटे लोग दूसरों के बारे में बातें करते हैं, बीच के लोग चीज़ों के बारे में बातें करते हैं और महान लोग सुझाव के बारे में।"*

'कमिटमेंट' चरित्र से आता है और विश्वास को बढ़ाता है। यहां 'कमिटमेंट' से यह आशय है कि हम जैसा कह रहे हैं, उसे वैसा ही लागू भी करें। हमारी कथनी और करनी में अंतर नहीं होना चाहिए।

"छोटों के साथ नरमी से, बड़ों के साथ करुणा से, संघर्ष करने वालों के साथ हमदर्दी से और कमजोर व ग़लती करने वालों के साथ सहनशीलता से पेश आने की प्रतिज्ञा करें। क्योंकि हम अपने जीवन में कभी-न-कभी इनमें से किसी-न-किसी स्थिति से गुज़रते हैं।"[9]

मातृभाषा के प्रति सम्मान

गांधी जी जिस समय दक्षिण अफ्रीका में सक्रिय थे, उस समय भी उन्होंने अपनी मातृभाषा गुजराती का दामन नहीं छोड़ा था। उनका मानना था कि अपने ज्ञान में वृद्धि करने के लिए, चाहे हम विश्व की कितनी भी भाषाएं सीख लें, लेकिन यदि हमें अपने परिवार की संस्कृति को बचाकर रखना है और अपने बच्चों को नैतिक रूप से पुष्ट करना है तो हमें अपनी बातचीत को अपनी मातृभाषा में ही करना चाहिए। इस संदर्भ में अपने सहायक पोलक के साथ हुई बातचीत को उद्धरित करते हुए गांधी जी कहा है– *"पोलक में और मुझमें इन बच्चों की अंग्रेज़ी तालीम को लेकर कई बार गरम बहस हुई है। मैंने शुरू से ही माना है कि जो हिंदुस्तानी मां-बाप अपने बच्चों से बचपन से ही अंग्रेज़ी बुलवाने लगते हैं, वे उनका और देश का द्रोह करते हैं। मैंने यह भी माना है कि इससे बालक अपने देश की धार्मिक और सामाजिक विरासत से वंचित रहते हैं और उतने अंश में देश की और जगत की सेवा करने के कम योग्य बनते हैं। इस विश्वास के कारण मैं सदा जान-बूझकर बच्चों के साथ गुजराती में ही बोलता था।"*[10]

---

9. लॉयड शीयरर, 1986

शिक्षा के प्रति समर्पण

मशहूर फ्रेंच चिंतक ब्लेज़ पास्कल के पास एक आदमी आया और कहने लगा कि– *"अगर मेरे पास आप जैसा दिमाग़ हो तो मैं एक बेहतर इंसान बन सकता हूं।"* तब पास्कल ने जवाब दिया, *"एक बेहतर इंसान बनो, तुम्हारा दिमाग़ खुद-ब-खुद मेरे जैसा हो जाएगा।"*

- *जिस तरह हमारे शरीर को रोज़ाना अच्छे खाने की ज़रूरत होती है, उसी तरह हमारे दिमाग़ को भी रोज़ाना अच्छे विचारों की ज़रूरत होती है।*
- *लगातार अच्छी शिक्षा से अच्छी सोच को बढ़ावा मिलता है।*
- *अगर आप किसी के लिए काम करते हैं, तो ऊपर वाले की ख़ातिर उसके लिए ईमानदारी से काम कीजिए।*[11]

शिक्षा के महत्त्व को स्वीकार किए बिना कोई भी व्यक्ति अपने जीवन में प्रगति नहीं कर सकता। एक सफल प्रबंधक के लिए यह आवश्यक है कि वह अपने ज्ञान में निरन्तर बढ़ोत्तरी करता रहे। उसे इतिहास से लेकर वर्तमान में चल रहे तमाम नवीन प्रयोगों के बारे में अपनी जानकारी को 'अप-टू-डेट' रखना चाहिए। इस विषय में सहायता, शिक्षा के द्वारा ही सम्भव है।

गांधीजी ने हमेशा शिक्षा पर बल दिया। लेकिन उनका जोर हमेशा व्यावहारिक शिक्षा पर रहा। उन्होंने कहा कि "मैं कॉलेजों की शिक्षा को राष्ट्र की आवश्यकता के अनुकूल बनाना चाहता हूं। मैं उच्च शिक्षा का दुश्मन नहीं हूं, पर जिस प्रकार की शिक्षा इस देश में दी जाती है, उसके मैं कतई ख़िलाफ हूं। मैंने देखा है कि उच्च शिक्षा बहुत-से मनुष्यों को बहका और भटका देती है; किन्तु इसका अर्थ यह नहीं कि उच्च शिक्षा होनी ही नहीं चाहिए। मैं उच्च शिक्षा उसी को कहूंगा जिसे पाकर मनुष्य विनम्र, परोपकारी, सेवाभावी और कार्यतत्पर बन जाए।"

---

10. माई एक्सपेरिमेंट विद ट्रूथ, पृ. 294
11. किम हब्बर्ड

आत्मा की ताक़त

एक आदमी मेले में गुब्बारे बेचकर अपनी गुज़र-बसर करता था। उसके पास लाल, नीले, पीले, हरे—चारों रंग के गुब्बारे थे। जब कभी उसकी बिक्री कम होने लगती, तब वह हीलियम गैस से भरा एक गुब्बारा हवा में छोड़ देता। बच्चे उसे उड़ता देखकर, वैसा ही उड़नेवाला गुब्बारा पाने के लिए मचल उठते। बच्चे उससे गुब्बारा ख़रीदते और इस तरह उसकी बिक्री फिर से बढ़ जाती। दिन-भर यही सिलसिला चलता रहता। एक दिन वह आदमी बाज़ार में खड़ा गुब्बारे बेच रहा था। अचानक उसे महसूस हुआ कि पीछे से कोई उसका कुर्ता पकड़कर खींच रहा है। उसने पीछे मुड़कर देखा तो एक छोटे-से बच्चे को खड़ा पाया। उस बच्चे ने गुब्बारे वाले से पूछा, "अगर आप काला गुब्बारा छोड़ेंगे तो क्या वह भी उड़ेगा?" बच्चे की बात उसके दिल में लगी और उसने प्यार से जवाब दिया, "बेटे, गुब्बारा अपने रंग की वजह से नहीं उड़ता, बल्कि उसके अंदर क्या है, इस वजह से ही वह ऊपर जाता है।"

अच्छी आदतें विकसित करें

अच्छी आदतों वाला इंसान अच्छे चरित्र वाला माना जाता है और एक बुरी आदतों वाला इंसान बुरे चरित्र वाला माना जाता है। आदतें तर्क और समझदारी से कहीं ज़्यादा शक्तिशाली होती हैं। "तुम अच्छी आदतें डालो क्योंकि आदतें ही चरित्र का निर्माण करती हैं।"

अच्छी आदतों को अपनाना मुश्किल है, लेकिन उनके साथ जीना आसान है। बुरी आदतें अपनाना आसान है, मगर उनके साथ जीना मुश्किल है। इसलिए हमें दो तरह की शिक्षा चाहिए। एक वह जो हमें रोज़ी-रोटी कमाना सिखाए, दूसरी वह जो हमें जीने का ढंग सिखाए। गांधीजी ने दोनों तरह की शिक्षाएं एक साथ ग्रहण कीं। उन्होंने अपने बचपन से ही इस बात का चिन्तन किया कि मुझमें बुरी आदतों का विकास तो नहीं हो रहा है। उन्होंने समय-समय पर अपने विषय में आत्मविश्लेषण किया और स्वयं को श्रेष्ठ साहित्य और जीवन को दिशा देने वाली प्रेरणादायक घटनाओं से जोड़कर रखा।

हरिश्चन्द्र का नाटक

गांधीजी के बचपन की घटना है, उस समय एक नाटक-कम्पनी उनके गांव में आई और गांधीजी को उसका नाटक देखने की इज़ाजत मिल गई। इसमें हरिश्चन्द्र की कथा थी। इस नाटक को एक बार देखने से उनकी तृप्ति नहीं होती थी। उसे बार-बार देखने का मन होता, पर बार-बार जाने कौन देता? उन्होंने अपने मन में इस नाटक को सैकड़ों बार दुहराया होगा। उन्हें हरिश्चन्द्र के सपने आया करते। यही धुन लगी रहती कि सभी हरिश्चन्द्र की तरह सत्यवादी क्यों नहीं हैं? उनको बार-बार यही लगता कि हरिश्चन्द्र की तरह विपत्तियां भोगना और सत्य का पालन करना ही वास्तविक सत्य है। उन्होंने तो यही मान रखा था कि नाटक में जैसी विपत्तियां हरिश्चन्द्र पर पड़ी हैं, वैसी ही वास्तव में उनके जीवन में पड़ी होंगी। हरिश्चन्द्र के दुःखों को देखकर और उन्हें याद करके वह ख़ूब रोते थे। उनकी बुद्धि कहती थी हमारा चरित्र हरिश्चन्द्र जैसा ही होना चाहिए। बचपन में देखे गये नाटकों और पढ़े गये साहित्य के कारण उनके हृदय में हरिश्चन्द्र और श्रवणकुमार के चरित्र अपनी जगह बना चुके थे।

अनुशासन पर बल

अनुशासन में ही 'मैनेजमेंट' की कुंजी निहित है। कोई भी व्यक्ति अनुशासित हुए बिना अपने जीवन में महत्त्वपूर्ण सफलताएं प्राप्त नहीं कर सकता। एक सफल और महत्त्वपूर्ण व्यक्ति बनने के लिए आपको अपने कार्यों का दायरा धीरे-धीरे बढ़ाना होगा। कार्यों को बढ़ाना उतना अधिक महत्त्वपूर्ण नहीं है, जितना अधिक महत्त्वपूर्ण उन्हें व्यवस्थित तरीक़े से करना है। यदि हमने अपने कार्यों को तो बढ़ा लिया, लेकिन उन्हें अव्यवस्थित कर लिया, तो धीरे-धीरे सारी व्यवस्थाएं बिखराव की ओर चली जायेंगी। इस बिखराव को रोकने और सही दिशा में सफलता प्राप्त करने के लिए अनुशासन ही एकमात्र उपाय है। गांधी जी ने जिस प्रकार अनुशासित होकर अपना जीवन जिया, उसका दूसरा उदाहरण मिल पाना अत्यंत ही कठिन है। उनकी दिनचर्या और उनकी व्यवस्थाओं की ही ताक़त थी कि वह एक साथ अनेक कार्यों को व्यवस्थित कर

लेते थे। गांधी जी का मानना था कि अनुशासन शारीरिक और मानसिक दो प्रकार का होता है और किसी भी व्यक्ति की प्रबंधन क्षमताओं के लिए ये दोनों ही ज़रूरी हैं। अनुशासन के संदर्भ में उनके प्रमुख विचार इस प्रकार हैं—

- *अनुशासन में रखने का प्रशिक्षण बचपन में और घर से ही शुरू होना चाहिए। अनुशासनहीन बालक आसानी से बिगड़ जाते हैं।*
- *अनुशासन के बिना न तो परिवार चल सकता है, न संस्था या राष्ट्र। वास्तव में अनुशासन ही संगठन की कुंजी और प्रगति की सीढ़ी है।*
- *अनुशासन केवल फौजों के लिए नहीं, जीवन के हर क्षेत्र के लिए है।*
- *अनुशासन का पालन तभी सम्भव है, जब मनुष्य का उस काम में अनुराग हो, जिसमें वह लगा हुआ है। इसके बिना तो अनुशासन अनुकरण-मात्र होगा।*
- *किसी भी राष्ट्र का परिचय उसके अनुशासनबद्ध नागरिकों से मिल जाता है।*
- *बाहरी दुनिया की भांति अपने मन और शरीर को भी अनुशासन में रखना चाहिए।*
- *सारे अनुशासनों की जड़ व्यक्तिगत अनुशासन है। जब तक कोई भी व्यक्ति अपने-आप अनुशासन और नियम-पालन में बंध नहीं जाता, तब तक उसे दूसरे से वैसा करने की आशा नहीं करनी चाहिए।*

जब तक हम स्वयं अनुशासित नहीं होंगे, तब तक किसी को भी अनुशासित करने का हमें कोई भी अधिकार नहीं है, इसलिए मुझे लगता है कि एक सफल प्रबंधक बनने के लिए, यह आवश्यक है कि गांधीजी के विचारों से प्रेरणा लेते हुए, हमें अपने आपको तुरंत ही अनुशासित करना शुरू कर देना चाहिए।

ज्ञान के प्रति जिज्ञासा

गांधी जी का मानना था कि 'ज्ञान की कोई सीमा नहीं होती।' आज भी जबकि उनकी मृत्यु को लगभग साठ वर्ष का समय हो चुका है, पूरा विश्व उन्हें याद करता है और उनकी नीतियों से प्रेरणा लेता है। उस व्यक्ति में ऐसा क्या

था? इसका उत्तर भी आपके पास ही है। उनके पास जो सबसे महत्त्वपूर्ण चीज़ थी, वह था उनका अनुभवजनित ज्ञान। गांधी जी के भीतर हमेशा नया जानने और समझने की प्रवृति रहती थी। एक बार उनके एक अनुयायी ने उनसे पूछा था–बापू , कभी-कभी आप अपने द्वारा कही गयी बात को बाद में स्वयं ही नकार देते हैं। एक ही संदर्भ में पहले आपने कुछ और कहा था और बाद में आप कुछ और कह देते हैं?' इसके उत्तर में गांधी जी ने कहा था कि मैं प्रतिदिन कुछ नया सीखने की कोशिश करता हूं और जब आप अपने ज्ञान में लगातार वृद्धि करते हैं, तो एक समय के पश्चात आप स्वयं ही अपनी बातों से असहमत होने शुरू हो जाते हैं। उन्होंने कहा था कि यदि मैंने किसी विषय के संदर्भ में अलग-अलग समय पर, अलग-अलग विचार प्रकट किये हों, तो उनमें मेरे बाद वाले विचार को प्रामाणिक माना जाए। एक सफल मैनेजमेंट गुरु के लिए भी यह आवश्यक है कि वह निरंतर अपने ज्ञान में विस्तार करता रहे और संसार में होने वाले विभिन्न नवीनतम प्रयोगों से परिचित रहे। ज्ञान के विषय में गांधी जी ने कहा है–

- *बिना ज्ञान के सही स्वतन्त्रता नहीं मिलती।*
- *ज्ञान ही प्रकाश है। उसके बिना हम एक कदम नहीं चल सकते।*
- *ज्ञान के साथ अभिमान हुआ तो उसकी कोई शोभा नहीं रहती।*
- *ज्ञान चारित्र्य के लिए दिया जाना चाहिए–ज्ञान साधन है, चारित्र्य साध्य।*
- *ज्ञान वही सिद्ध है, जिससे मानव का हित हो; ऐसा ज्ञान निरर्थक है, जिससे मानव का कल्याण न होकर कष्ट बढ़ता है।*
- *जो ज्ञान केवल दिमाग़ में ही रह जाता है और हृदय में प्रवेश नहीं कर पाता,* वह जीवन के अनुभव में व्यर्थ सिद्ध होता है।

गांधी जी ने ज्ञान के विस्तार के लिए स्वाध्याय पर बल दिया। स्वाध्याय से तात्पर्य है, खुद अध्ययन करके नयी चीज़ों के बारे में जानकारी प्राप्त करना। स्वाध्याय ज्ञान प्राप्ति का सर्वश्रेष्ठ साधन है। स्वाध्याय के द्वारा मनुष्य घर में बैठे हुए विद्यापीठ को अपने पास बुला लेता है। इसलिए हमें एक सफल और

श्रेष्ठ मनुष्य बनने के लिए, अपने आपको हमेशा स्वाध्याय से जोड़कर चलना चाहिए। इस विषय में गांधी जी का मानना था–

- *स्वाध्याय के बिना विचारों को स्फूर्ति नहीं मिलती।*
- *स्वाध्याय से बढ़कर सज्जनों के लिए कोई अच्छी आदत नहीं हो सकती।*
- *स्वाध्याय विचारशीलता की नींव है।*
- *स्वाध्याय शिक्षितों की सर्वश्रेष्ठ आदत है।*
- *स्वाध्याय के बिना मानसिक विकास नहीं हो सकता।*
- *स्वाध्याय ज्ञान-संचय और आत्मविकास का सर्वोत्तम साधन है।*
- *स्वाध्याय ज्ञान-सम्पादन की कुंजी है।*

संसार में बहुत से बड़े आदमी, स्वाध्याय के बल पर ही बड़ी सफलताएं प्राप्त कर सके हैं–स्कूल-कॉलेज की पढ़ाई तो निमित्त-मात्र है, क्योंकि कोई भी व्यक्ति, जिस समय तक शिक्षण संस्थाओं में शिक्षा प्राप्त करता है। उस समय तक उसका उद्देश्य अपने संचित ज्ञान द्वारा अपनी 'डिग्रियां' और 'सर्टिफिकेट' प्राप्त करना होता है, लेकिन जब वह स्वाध्याय करना शुरू कर देता है तो उसके संचित ज्ञान में, वास्तव में ही वृद्धि होनी शुरू हो जाती है। एक सफल 'मैनेजमेंट' गुरु के लिए यह आवश्यक है कि वह अपने आपको निरन्तर स्वाध्याय से जोड़कर रखे।

स्वावलम्बन की आदत विकसित करना

स्वावलम्बन से आशय है अपने कार्यों को स्वयं करना। इस 'चैप्टर' में हम चरित्र-निर्माण की जिन क्षमताओं के संदर्भ में बात कर रहे हैं, उनका विकास स्वावलम्बन के बिना नहीं हो सकता। हमें दूसरों को प्रेरित और स्वयं को एक आदर्श के रूप में स्थापित करने के लिए स्वयं के कार्यों को स्वयं करने की आदत का विकास करना ही होगा। स्वावलम्बन, सफलता की पहली सीढ़ी है। एक सफल 'मैनेजमेंट' गुरु के लिए यह आवश्यक है कि वह अपने भीतर स्वावलम्बन के गुण को विकसित करे। स्वावलम्बन के विषय में गांधीजी ने कहा है–

- संसार के बहुतेरे महान पुरुष स्वावलम्बी और अध्यवसायी रहे हैं।
- मेरा तुच्छ काम तो लोगों को यह दिखाना है कि वे अपनी कठिनाइयां स्वयं कैसे हल कर सकते हैं।
- स्वावलम्बन व्यक्ति के लिए भी उतना ही वांछनीय है जितना समाज और राष्ट्र के लिए।
- स्वावलम्बन द्वारा सम्पादित कार्य से सुख उपजता है।
- देश के हर बालक को पहले स्वावलम्बी बनने का पाठ पढ़ाना चाहिए। हमें यह गुण पाश्चात्य देशवासियों से सीखना चाहिए।

इस 'चैप्टर' से हमें जो शिक्षा मिलती है उसे आज से ही अपनी कार्य-पद्धति में उतारें और इन बातों को अपनी जीवन-शैली में लागू करें–

- एक आदर्श चरित्र जिये बिना कोई भी मैनेजमेंट कर्मी दूसरों को प्रभावित नहीं कर सकता।
- हमें अपने मानवीय गुणों का निरन्तर विकास करना चाहिए।
- प्रेम, नैतिकता और विनम्रता इन तीनों को अपने जीवन में उतारकर आप किसी का भी दिल जीत सकते हैं।
- आदर्श चरित्र के लिए 'कमिटमेंट' का पक्का होना बहुत आवश्यक है।
- अपने भीतर निरन्तर अच्छी आदतें विकसित करें और उन्हें व्यावहारिक रूप भी प्रदान करें।
- अनुशासित हुए बिना सफलता प्राप्त नहीं की जा सकती।
- ज्ञान के प्रति जिज्ञासा केवल आपके ज्ञान में ही नहीं बल्कि आपके आत्मविश्वास में भी वृद्धि करती है।
- स्वयं के कार्यों को स्वयं करने की आदत का विकास करें।

❑❑

4

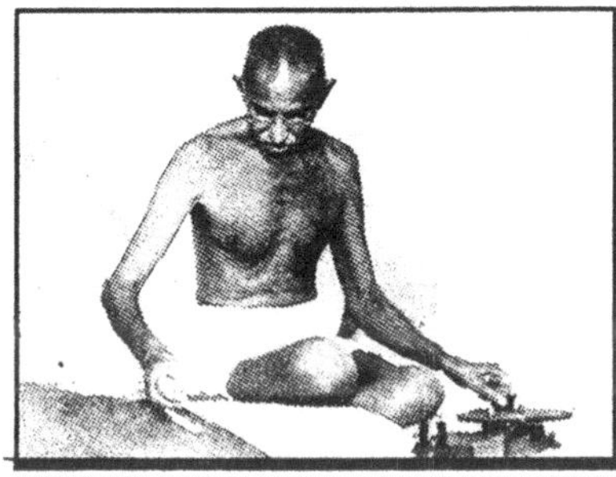

स्वयं की शक्ति की स्थापना

"इन्सान तो क्या, पाहन को भी भगवान समझकर पूजने वाले भारत ने उनके कृशकाय शरीर की छाया में, उनके हर आचरण की सहज प्रतिभा में एक अवतारी पुरुष या महात्मा के लक्षण देखे और जहां भी वह गये, सारा देश उनके पीछे चल पड़ा। निःसंदेह वह इस शताब्दी की एक ऐसी विभूति थे, जिसमें चुंबकीय आकर्षण था। अपने अनुयायियों के लिए वह महात्मा थे।"

–फ्रीडम एट मिडनाइट, पृ. 36

स्वयं की शक्ति की स्थापना

पूरे विश्व में जब-जब भी बड़े स्तर पर परिवर्तन हुए हैं, महान क्रांतियां हुई हैं, व्यापक स्तर पर सामाजिक बदलाव हुए हैं, वह हमेशा देश की जनता के समर्थन के साथ हुए हैं। जब 1850 में कार्ल मार्क्स ने अपनी पुस्तक 'दास कैपिटल' के द्वारा एक नई सामाजिक क्रांति का सूत्रपात किया तो उस समय उद्योगों में कार्य करने वाले अनेक कर्मचारी उनके विचार से सहमत होकर उनके साथ खड़े हो गये थे। एक सफल 'मैनेजमेंट' गुरु की आवाज़ में इतनी ताक़त होनी चाहिए कि वह दूसरों के विचार को अपने विचार के अनुसार मोड़ने की क्षमता रखता हो। गांधी जी के पास इस 'मैनेजमेंट' कौशल का ख़ज़ाना था। यदि 'मैनेजमेंट' गुरु के पास ऐसा प्रभावशाली व्यक्तित्व नहीं है, जो दूसरों को भी प्रभावित कर सके, तो उसे अपने लक्ष्य को प्राप्त करने में सफलता नहीं मिल सकती। एक सफल 'मैनेजमेंट' गुरु को, स्वयं की शक्ति की स्थापना के लिए अपने भीतर निम्न गुणों को विकसित करना चाहिए—

- स्वयं के प्रभाव की स्थापना,
- जनस्वीकृति प्राप्त करना
- विचार के विस्तार की क्षमता।

गांधी जी ने उपरोक्त तीनों महत्त्वपूर्ण बिन्दुओं को रेखांकित करते हुए सफलता के जो मानदण्ड स्थापित किये, वह उन्हें इस दौर के सर्वाधिक प्रभावशाली व्यक्तित्व के रूप में मान्यता प्रदान करवाते हैं। उन्होंने अपनी उम्र को कभी भी अपने विचारों पर हावी नहीं होने दिया। गांधीजी ने समय के साथ-साथ अपने ज्ञान और अनुभवों के द्वारा और अधिक व्यावहारिक प्रयोग

किये। उनके भीतर एक ऐसी चेतना विकसित हो चुकी थी, जिसकी सकारात्मकता और गतिशीलता उन्हें निरन्तर नवीन ऊर्जा प्रदान करती रहती थी।

स्वयं के प्रभाव की स्थापना

गांधीजी ने अपने विचारों और अपनी सोच को जिस प्रकार भारतीय जन-मानस के मन में स्थापित किया, उसका कोई भी दूसरा उदाहरण हमारे पास नहीं है। उन्होंने भारतीय मानस के मन को मथ दिया था। उन्हें भारत के आम-आदमी के अहसासों और उसके विचारों का नज़दीकी से अहसास हो चुका था। वह उस मानस के अनुसार अपनी नीतियों को इस प्रकार निर्धारित करते थे कि किसी भी व्यक्ति के पास उनकी बात की काट नहीं थी। उनका प्रबल विरोध करने वाले व्यक्ति भी अन्तोगत्वा उनसे सहमत हुए बिना नहीं रह पाते थे। दरअसल वह किसी भी समस्या की जड़ तक पहुंचकर, उसके बारे में चिन्तन करते थे और फिर उस समस्या को जड़ से समाप्त करने के लिए ठोस विचारों के आधार पर योजना बनाते थे। गांधीजी जब दक्षिण अफ्रीका पहुंचे और उन्होंने वहां भारतीयों की दुर्दशा देखी तो उन्होंने निर्णय लिया कि मुझे या तो वापिस जाना चाहिए या फिर रंगद्वेष के ख़िलाफ आवाज़ उठानी चाहिए। वहां पर भारतीयों की स्थिति को देखकर उन्होंने कहा—*"या तो मुझे अपने हक़ों के लिए लड़ना चाहिए या वापस जाना चाहिए, अन्यथा जो अपमान होते हैं, उन्हें सहन करूं और प्रिटोरिया जाना तो नामर्दी होगी। मुझे जो तक़लीफ मिली है वह तो ऊपरी तक़लीफ है। वह गहराई में बैठे हुए एक महारोग का लक्षण है। यह महारोग है रंगद्वेष।"*[1]

गांधीजी ने बहुत कम समय में दक्षिण अफ्रीका के भारतीय समाज को एकजुट करके, उन्हें अपने विचारों से इस प्रकार सहमत करा लिया कि वहां एक आंदोलन की शुरुआत हो गयी। जो गांधीजी खुद ये सोच रहा थे कि वह वहां पर रह पायेंगे या नहीं, उन्होंने महसूस किया कि एक पूरा वर्ग उनके साथ आकर, उनके विचारों का समर्थन करने के लिए तैयार है। यह गांधीजी के भीतर

---

1. माई एक्सपेरिमेंट विद ट्रूथ, पृ. 45

बैठे, उस 'मैनेजमेंट' गुरु की शक्ति थी, जिसने बहुत कम समय में, बहुत कम संसाधनों के साथ, पूरे समाज को एकजुट कर दिया। उनकी इस सफलता में सबसे अधिक महत्त्वपूर्ण योगदान, उनकी अनुशासन क्षमता का था। गांधीजी ने अपने जीवन में जिस प्रकार अनुशासित होकर कार्य किया, उनका वह अनुशासन, उनके सम्पर्क में आने वाले किसी भी व्यक्ति को, बिना कुछ कहे हुए भी प्रेरित और प्रोत्साहित करता था। उन्होंने कहा—"जो मनुष्य अपने पर काबू नहीं रख सकता, वह दूसरों पर कभी सच्चा काबू नहीं रख सकता।"

भारतीय जन-मानस के साथ-साथ ब्रिटिश हुकूमत भी गांधी जी की शक्ति की कायल हो गयी थी। भारत की आज़ादी के उपरान्त लार्ड माउंटबेटन ने उनसे स्वयं निवेदन किया था कि आप ही कलकत्ता जाकर वहां के वातावरण को शांत बनाये रख सकते हैं। क्योंकि यदि वहां आग भड़क गयी तो वहां कि साम्प्रदायिक हिंसा से पूरे देश में जो नुक़सान होगा उसकी भरपाई करना मुश्किल हो जायेगा। यह भारतीय मानस में उनकी सामर्थ्य की ही स्थापना थी। गांधी जी जब अपनी सतहत्तर वर्ष की आयु में भी नोआखाली पहुंचे तो उनके अनेक समर्थकों ने कहा कि इस समय आपका वहां जाना ठीक नहीं है। वहां आपकी जान को भी ख़तरा हो सकता है, लेकिन गांधीजी के भीतर एक ऐसा निर्भय व्यक्ति बैठा हुआ था, जिसे उसके लक्ष्य से विचलित कर पाना किसी के लिए भी, बहुत ही मुश्किल काम था। उस वक़्त आयु के कारण उनका शरीर क्षीण होने लगा था, लेकिन उनकी संकल्पशक्ति में आयु के कारण किसी भी प्रकार की कोई भी कमी नहीं आयी थी। उनकी इस यात्रा पर टिप्पणी करते हुए अपनी पुस्तक 'फ्रीडम एट मिडनाइट' में लैरीकॉलिन्स और दामिनिक लेपियर ने कहा है— *"उनके पास बड़ी सावधानी से साफ़ किया हुआ नकली दांतों का जबड़ा रखा हुआ था। उसे वह केवल खाना खाते समय ही मुंह में लगाते थे। ढलती उम्र के कारण उनके दांतों ने उनका साथ छोड़ दिया था, पर कर्मपथ पर बिना डिगे हुए उनके क़दम बढ़ते चले जाते थे। आंखों की रोशनी मंद पड़ गयी थी, इसलिए वह स्टील के फ्रेम का चश्मा साथ रखते थे, उसकी मदद से वह आमतौर पर दुनिया को देखते थे। नेत्र दृष्टि भले ही कमज़ोर हो गयी थी, पर दिव्य दृष्टि प्रतिदिन और तेज़ होती*

जाती थी। इसी कारण अंग्रेज़ उनसे नज़र मिलाने से कतराते थे।"[2]

यह गांधी जी की नीतियों का प्रभाव था कि धीरे-धीरे पूरे समाज में केवल राजनीतिक स्तर पर ही नहीं, वरन सामाजिक स्तर पर भी एक ऐसा आंदोलन ब्रिटिश हुकूमत के सामने, सशक्त रूप में खड़ा हो गया, जिसकी उन्होंने कल्पना नहीं की थी। भारत का यह स्वतंत्रता संग्राम पूरी दुनिया के लिए आश्चर्य का विषय था। पश्चिम के लोग तो यह सोचकर आश्चर्य चकित थे कि अहिंसा के रास्ते पर चलकर, सत्य को हथियार के रूप में प्रयोग करते हुए, कोई व्यक्ति किस प्रकार पूरे समाज को एकजुट कर सकता है? किस प्रकार अपने विचार को पूरे समाज के विचार के रूप में परिवर्तित कर सकता है? गांधी जी ने अपने सैनिकों को जिस प्रकार अनुशासित किया, उसका विश्लेषण करते हुए लैरीकॉलिन्स और दामिनिक लेपियर ने कहा है– *"भड़कीली वर्दियों और खनकते हुए मैडलों से अपने बदन को सजाने के बजाय उन्होंने अपने अनुयायियों को हाथ के कते-बुने खद्दर के कपड़े पहनाये, लेकिन यह पहनावा उतनी ही आसानी से दूर से पहचाना जाता था और पहनने वालों को एकता के सूत्र में बांधने की मनोवृत्ति पैदा करने में, यह उतना ही कारगर साबित हुआ, जितनी कि यूरोप के डिक्टेटरों की कत्थई या काली क़मीज़ें।"*[3]

गांधी एक ऐसे 'मैनेजमेन्ट' गुरु हैं, जिनसे हमें जीवन के प्रत्येक क्षेत्र में प्रेरणा प्राप्त होती है। वह हमें प्रेरित करते हैं कि हमें अपने विचार को इस प्रकार प्रतिपादित करना चाहिए, जिससे उसे जन-स्वीकृति और जिस व्यक्ति के संदर्भ में हम अपनी बात प्रतिपादित करना चाहते हैं, उसकी सहमति मिल जाए। फिर हमें अपनी प्रभावशीलता का प्रयोग करते हुए अपने उद्देश्य की प्राप्ति के लिए कार्य करना चाहिए।

जनस्वीकृति प्राप्त करना

गांधीजी ने अपनी नीतियों द्वारा विभिन्न परम्पराओं को तोड़कर, उन्हें फिर से नए रूप में स्थापित करने का प्रयास भी किया। वह जानते थे कि उस

---

2. फ्रीडम एट मिडनाइट, पृ. 33
3. फ्रीडम एट मिडनाइट, पृ. 35

समय की स्थितियों में कोई भी व्यक्ति केवल अपनी ताक़त के बल पर अंग्रेज़ों के साथ नहीं लड़ सकता, इसलिए उन्होंने भारत के समस्त निवासियों की ताक़त को एक साथ जोड़कर पूरे परिदृश्य का नक़्शा ही बदल दिया। वह जानते थे कि आम-आदमी की ताक़त का कोई भी दूसरा विकल्प नहीं है। इसलिए उन्होंने अपने राजनीतिक आन्दोलनों को मज़बूत करने के लिए, सामाजिक शक्ति को हथियार के रूप में प्रयोग किया। गांधी जी को विश्वास था कि यदि उनके आन्दोलनों में भारत के पुरुष वर्ग के साथ-साथ स्त्रियों और बच्चों की सहमति भी जुड़ गयी तो फिर उन्हें मंज़िल पर पहुंचने से कोई नहीं रोक सकता। इसलिए उन्होंने अपनी सफल प्रबंधन क्षमताओं का प्रयोग करते हुए भारत के जनमानस को एक शक्ति के रूप में एक साथ खड़ा कर दिया।

गांधीजी इस बात को महसूस करते थे कि इस देश में कोई भी नेता जनस्वीकृति प्राप्त किये बिना, पूरे समाज को अपने साथ जोड़कर नहीं चल सकता। उस समय भारत की सामाजिक शक्ति बिखरी हुई थी। वह शक्ति विभिन्न जातियों, भाषाओं और अलग-अलग तरह की संस्कृतियों के रूप में विभाजित थी। गांधी जी ने सबसे पहले, उन सबको एकजुट करने का प्रयास किया और इस प्रयास में सफलता भी प्राप्त की। उन्होंने सामाजिक सम्पर्क स्थापित करने के लिए जो रास्ता अपनाया, वह भारतीय जनमानस को अपने अनुकूल दिखाई पड़ा।

किसी भी 'मैनेजमेंट' गुरु के लिए यह आवश्यक है कि वह अपने विचार को जनस्वीकृति के रूप में बदलने की क्षमता रखता हो। गांधीजी ने अपने भीतर यह क्षमता विकसित कर ली थी, क्योंकि उन्होंने भारत और भारतीयों की मानसिकता को पहचान लिया था। उनके इस गुण के संदर्भ में कहा गया है– *''अनुयायियों के साथ संचार-संपर्क स्थापित करने के उनके साधन बहुत ही प्राचीन काल के थे। वह अपना सारा पत्र-व्यवहार स्वयं अपने हाथ से लिखकर करते थे और अपने शिष्यों से, प्रार्थना सभाओं में और कांग्रेस' पार्टी की छोटी-छोटी बैठकों में सीधे बातचीत करते थे। वह किसी भी ऐसी तक़नीक का सहारा नहीं लेते थे, जिसके सहारे कोरी लफ़्फ़ाजी करने वाले लोग या लंबे-चौड़े*

सिद्धांत बघारने वाले लोगों के गुट, जन-साधारण पर अपनी बात का जादू चलाने में सफल होते हैं। फिर भी उनका संदेश एक ऐसे राष्ट्र के कोने-कोने तक पहुंच गया, जिसके पास संचार के आधुनिक साधन नहीं थे, क्योंकि गांधी में ऐसे सीधे-सादे संकेतों से अपनी बात कह देने की विलक्षण प्रतिभा थी, जो भारत की अंतरात्मा को छू लेते थे। अजीब बात थी कि एक ऐसे देश में जहां आये दिन अकाल पड़ता रहता था, जो शताब्दियों से भूख की मार का शिकार था, गांधीजी ने जो सबसे शक्तिशाली अस्त्र अपनाया, वह था, अपने-आपको भोजन से वंचित रखने का अर्थात अनशन ही उनका ब्रह्मास्त्र था। उन्होंने गंगा और यमुना का जल पी-पीकर, कोका कोला पीने वाले ब्रिटेन को घुटने टेकने पर विवश कर दिया।''[4]

भारत के विभाजन के समय जब अचानक पूरे देश में साम्प्रदायिक दंगे फैलने लगे और दिल्ली भी उनकी आग में जलने लगी तो गांधीजी ने इसके विरूद्ध आमरण अनशन करने का फैसला लिया। उनके स्वास्थ्य की देखभाल करने वाली डॉ. सुशीला नायर प्रतिदिन उनके स्वास्थ्य के बारे में जानकारी देती थीं। जब लोगों को यह लगने लगा कि गांधीजी की हालत बिगड़ती जा रही है, तो अचानक ही पूरे देश का वातावरण बदलने लगा। देश-विदेश के सैकड़ों पत्रकार बिरला हाउस के फाटक पर उनके स्वास्थ्य के बारे में जानकारी करने के लिए एकत्र होने लगे।

आल-इंडिया रेडियो ने अल्बुकर्क रोड से ही हर घंटे गांधी जी के स्वास्थ्य के बारे में 'बुलेटिन' प्रसारित करना शुरू कर दिया। देश के हर शहर और कस्बे के सैकड़ों लोग अपने क्षेत्र के मैदानों में झंडे लेकर जमा होने लगे और नारे लगाने लगे–''हिंदू-मुस्लिम भाई-भाई!'', ''हिंदू-मुस्लिम एक हों!'', ''गांधी जी की जान बचाओ!''

सारे भारत में गांधीजी का जीवन बचाने के लिए समितियां बनायी गयीं, जिनमें सभी धर्मों और चुन-चुनकर सभी राजनीतिक विचारों के लोग रखे गये।

---

4. फ्रीडम एट मिडनाइट, पृ. 35 .

सारे भारत में एक भी मस्ज़िद ऐसी नहीं थी, जिसमें उस दिन शुक्रवार की नमाज में गांधी जी के लिए दुआएं न मांगी गयी हों। बंबई के अछूतों ने गांधीजी को एक बहुत ही मर्मस्पर्शी तार भेजा—"आपके प्राण हमारे हैं।"

यह गांधीजी की जन-स्वीकृति नहीं तो और क्या था? किसी व्यक्ति के उपवास की ताक़त से ही पूरे देश के वातावरण में परिवर्तन आना, समाज में उनकी मान्यता को प्रदर्शित करता है। उन्होंने भारत के सबसे अमीर आदमी से लेकर सबसे ग़रीब आदमी तक को प्रभावित करने की जो क्षमता अपने भीतर विकसित कर ली थी, वह अपने आप में अनूठी थी। उनके उस प्रभाव के बारे में लेरी कॉलिन्स और दामिनिक लेपियर ने कहा है—*"गांधी जी ने हवा बोयी थी, इसलिए तूफ़ान तो पैदा होना ही था। इस कारण आश्चर्यजनक परिवर्तन दिल्ली में आना ही था। उसी दिल्ली में जो अभी तक उनके अनशन के प्रति उदासीन थी। हर बस्ती, हर बाज़ार, हर गली से लोग नारे लगाते हुए एक तूफ़ानी धारा की तरह चले आ रहे थे। गांधीजी के प्रति संवेदना प्रकट करने के लिए सारी दुकानें बंद हो गयी थीं। स्कूल-कॉलेज बंद हो गये थे। पंजाब की मार-काट में विधवा और अनाथ हो जाने वाली 200 शरणार्थी औरतों और बच्चों ने उस दिन का अपना राशन लेने से स्पष्ट मना कर दिया और गांधी जी के प्रति संवेदना प्रकट करने के लिए उपवास रखा।"*[5]

एक सफल 'मैनेजमेंट' कर्मी के व्यक्तित्व में भी यह शक्ति होनी चाहिए कि वह अपने संपर्क में आने वाले व्यक्तियों को, सहज भाव से अपनी विचारधारा से सहमत करा ले। उसके सम्पर्क में रहने वाले व्यक्ति उसकी बात से मानसिक रूप से सहमत होने चाहिए।

चकित हुए वायसराय

भारत के स्वतंत्र होने के बाद जब देश में होने वाले साम्प्रदायिक दंगों के ख़िलाफ़ गांधीजी ने अपना आमरण अनशन शुरू किया और उनकी हालत दिन पर दिन नाज़ुक होने लगी तो एक दिन लार्ड माउंटबेटन भी अपनी पत्नी के साथ

---

5. फ्रीडम एट मिडनाइट, पृ. 429

उन्हें देखने के लिए आए। भूतपूर्व वायसराय को यह देखकर बहुत आश्चर्य हुआ कि इतनी यातनाएं सहने के बाद भी गांधीजी के चेहरे पर 'शरारत की चमक' थी। वह उस समय भी हास्य-विनोद कर रहे थे।

लार्ड माउंटबेटन और उनकी पत्नी एडविना का स्वागत करते हुए गांधी जी ने कहा, "अच्छा, तो मुझे अनशन करना पड़ता है, तब पहाड़ मुहम्मद के पास आता है।"

गांधी जी की हालत उस समय तक काफी बिगड़ चुकी थी। उनका स्वर बहुत धीमा हो गया था। वज़न भी बहुत कम हो गया था । उनकी इस स्थिति को देखकर एडविना माउंटबेटन बहुत उदास थीं। गांधी जी के कमरे से बाहर निकलते ही वह फूट-फूटकर रोने लगीं। उनके पति लार्ड माउंटबेटन ने उन्हें तसल्ली देते हुए कहा—*"इसमें मन छोटा करने की क्या बात है! गांधीजी वही कर रहे हैं, जो करना चाहते हैं। यह छोटा-सा आदमी वास्तव में कितना साहसी है!"*[6]

यह गांधी जी के व्यक्तित्व और विचारों की ही शक्ति थी कि भूतपूर्व वायसराय भी उनकी नीति और उस समय उनके द्वारा लिये गये निर्णय से प्रभावित हुए बिना न रह सके। एक सफल 'मैनेजमेंट' गुरु के लिए यह आवश्यक है कि वह अपनी नीतियों और कार्य करने की शैली से दूसरों को प्रभावित तो करे ही, साथ ही उसे सामाजिक मान्यता भी प्राप्त होनी चाहिए।

विचार के विस्तार की क्षमता

गांधीजी की एक और बड़ी ताक़त यह थी कि उन्होंने अपने विचार को समाज के विचार के रूप में बदल दिया। उन्होंने अपने विचारों को समाज में इस प्रकार प्रतिपादित किया कि उनके विचार समाज के केन्द्रीय विचार बन गये। उनकी यह क्षमता उनके सफल प्रबंधन-कौशल को प्रस्तुत करती है।

गांधीजी के आन्दोलनों में उनकी इस ताक़त के अनेक उदाहरण दिखाई पड़ते हैं, आप दांडी मार्च का उदाहरण ही देखिए। यदि गांधीजी अकेले ही दांडी

---

6. फ्रीडम एट मिडनाइट, पृ. 433

जाकर नमक क़ानून को तोड़ देते तो उसका वह प्रभाव नहीं पड़ सकता था, जो उनकी यात्रा के दौरान, जन-सम्पर्क के माध्यम से पड़ा। उन्होंने अपनी इस यात्रा और उसके उद्देश्यों को जनता के बीच इतना अधिक लोकप्रिय बना दिया कि एक साथ पूरा भारत उनके साथ आकर खड़ा हो गया। यह घटना इस बात को स्पष्ट करती है कि उन्हें मानवीय मनोविज्ञान का भरपूर ज्ञान था और उनके पास जनता के साथ सम्बंध स्थापित करने की एक कुशल क्षमता थी। गांधीजी की यह क्षमता उनकी प्रबन्धन कुशलता को परिलक्षित करती है।

गांधीजी अपनी विचारधारा के साथ, आज पश्चिम के लिए भी एक आदर्श बन गए हैं। यदि आज भी हम गांधीजी के विचारों और दर्शन को अपने प्रबन्धन का आदर्श बना लेते हैं, तो हम विश्व के पटल पर अपनी पहचान और अपने योगदान को और अधिक महत्वपूर्ण रूप में दर्ज़ कर सकते हैं।

गांधी जी के अनुसार यदि आप सत्य को प्राप्त करना चाहते हैं तो आपको अहिंसा के रास्ते पर चलना ही पड़ेगा। गांधी जी ने सत्याग्रह के जितने भी कार्यक्रम चलाए, पहले उन्होंने उनसे सम्बंधित आंकड़ों को एकत्रित किया, फिर भारतीय मनोवैज्ञानिक विश्लेषण के आधार पर सत्य और न्याय को आधार बनाते हुए अपनी नीति निर्धारित की। उन्होंने इस प्रकार व्यूह रचना की कि उनके विरोधी भी आश्चर्यचकित रह गए। उनकी समझ में नहीं आया कि गांधीजी के विचारों का किस प्रकार विरोध करें, क्योंकि उन्होंने अपने विचारों के साथ समाज के विचार को जोड़ लिया। उन्होंने विरोधियों के सामने इस प्रकार की स्थिति पैदा कर दी कि यदि वे गांधी के विचार का विरोध करेंगे तो सामाजिक रूप से ही नहीं बल्कि अपने आपको नैतिक रूप से भी कमजोर करेंगे। गांधीजी जानते थे कि अहिंसा को शक्ति बनाकर ही अंग्रेज़ी हुकूमत से लड़ा जा सकता है, क्योंकि हिंसा के रास्ते पर चलते ही हुकूमत हिंसक तरीके से आन्दोलन और उसका नेतृत्व करने वाले नेताओं को कुचल सकती है। उन्होंने जनता और मीडिया दोनों का विश्वास हासिल करके, ब्रिटिश हुकूमत को धीरे-धीरे आत्मसमर्पण के लिए मजबूर कर दिया। साथ ही इस भावना को भी स्थापित किया कि उनका उद्देश्य समाज का कल्याण करना है। इसके लिए

उन्होंने आत्मसंयम का सहारा लिया। कई बार जब वे ख़ुद भी संघर्ष में घिर गए तो भी उन्होंने आत्मसंयम को नहीं छोड़ा। ये आत्मसंयम धीरे-धीरे उनकी शक्ति बन गया। समाज के प्रत्येक व्यक्ति को यह महसूस होने लगा कि गांधीजी की आवाज़ ही उसकी आवाज़ है। गांधीजी ही वह व्यक्ति हैं, जो सामाजिक बुराइयों को समाप्त करके, एक आदर्श की स्थापना करते हुए, उनके हितों की रक्षा कर सकते हैं। ग़रीब उन्हें इसलिए प्रेम करते थे कि उन्हें लगता था कि हमारे हित उनके नेतृत्व में सुरक्षित हैं। अमीर उन्हें इसलिए पसंद करते थे क्योंकि उन्हें लगता था कि गांधी और उनकी विचारधारा के द्वारा वे अपने धन का सदुपयोग कर सकते हैं।

गांधी जी ने चरखे के द्वारा खादी बनाकर अहिंसक रूप से ब्रिटिश हुकूमत का विरोध करने के लिए जो नीति तैयार की, वह उनका एक महत्त्वपूर्ण औज़ार बन गयी। उसके माध्यम से उन्होंने केवल हिन्दुस्तान के आदमियों को ही नहीं वरन इस देश की करोड़ों महिलाओं को भी भारत की आज़ादी के आंदोलन से जोड़ दिया। उस समय के सामाजिक परिवेश के कारण भारत की महिला सड़क पर उतरकर, स्वतंत्रता आंदोलन में शामिल नहीं हो सकती थी, लेकिन चरखे के विचार से महिलाओं को यह लगा कि वे घर में रहकर भी स्वतंत्रता आंदोलन में सहयोग कर सकती हैं। महिलाओं को लगा कि चरखे के द्वारा दिया गया उनका योगदान भारत के राष्ट्रीय आंदोलन को मज़बूती प्रदान करेगा, और ऐसा हुआ भी। चरखा राष्ट्रीय आंदोलन का प्रतीक बन गया। अंग्रेज़ हुकूमत को भी यह अनुमान नहीं था कि यह छोटा-सा यंत्र किस प्रकार उनके लिए एक बड़ी मुसीबत खड़ी कर सकता है। गांधीजी ने अपनी 'मैनेजमेंट' क्षमताओं का प्रयोग करते हुए ब्रिटिश हुकूमत की आर्थिक ज़मीन को हिलाकर रख दिया। गांधीजी की जब अंतिम वायसराय लार्ड माउंटबेटन से प्रथम भेंट हुई, तो उस समय उनके और माउंटबेटन के व्यक्तित्व की तुलना करते हुए लैरी कॉलिन्स और दामिनिक लेपियर ने कहा है– *'गोरे-चिट्टे ख़ूबसूरत माउंटबेटन, जिनके कसरती शरीर के अंग-अंग से फुर्ती उबली पड़ती थी और गांधीजी जिनका दुबला-पतला ढांचा आराम-कुर्सी में धंसकर रह गया था। एक अहिंसा का पुजारी और दूसरा पेशेवर*

सिपाही; एक रईसों का रईस और दूसरा एक ऐसा आदमी जिसने अपना सारा जीवन, पृथ्वी के सबसे कंगाल लोगों जैसी दरिद्रता की ज़िंदगी बसर करने का व्रत ले रखा था; एक ओर माउंटबेटन थे, जिन्होंने युद्ध के दौरान संचार की यंत्र-विद्या में पूरी निपुणता प्राप्त कर ली थी और जो हमेशा किसी ऐसे इलैक्ट्रॉनिकी यंत्र की खोज में रहते थे, जो उनके नेतृत्व में लड़ने वाले लाखों सिपाहियों के साथ उनकी संपर्क-व्यवस्था को बेहतर बना सके और दूसरी ओर गांधीजी थे, वह कृषकाय मसीहा जो इस सारे ताम-झाम को संदेह की दृष्टि से देखते थे, फिर भी जिन्होंने अपनी जनता के साथ ऐसा संपर्क स्थापित कर लिया था, जैसा इस शताब्दी में कोई दूसरा आदमी नहीं कर पाया था।"[7]

बीसवीं सदी में गांधीजी ही एकमात्र ऐसे भारतीय नेता थे, जिन्होंने भारत के कण-कण में अपनी जगह बनाई, भारत के स्वतंत्रता संग्राम में उनसे जीवंत, जाग्रत तथा सार्थक उदाहरण कोई भी दूसरा नहीं है। गांधी व्यक्ति नहीं, विचार थे। एक ऐसा विचार, जो समूची मानवता को जीवन का नया दर्शन देकर प्रस्थान कर गया। वह बादलों में ढंके सूर्य के समान कुछ समय के लिए दृष्टि से ओझल तो हो सकते हैं, किंतु छुप नहीं सकते।

जिस समय पश्चिमी यूरोप बड़े-बड़े लफ़्फ़ाजों के धुआंधार भाषणों और चीख-चीखकर बोलने वाले डिक्टेटरों की दहाड़ से गूँज रहा था, उस समय गांधी जी ने अपना स्वर ऊंचा उठाए बिना, संसार के सबसे अधिक जनसंख्या वाले राष्ट्र भारत के करोड़ों लोगों को आंदोलित कर दिया था। उन्होंने अपने अनुयायियों को सत्ता या अपार संपदा का आश्वासन देकर अपने झंडे तले जमा नहीं किया था, बल्कि यह चेतावनी दी थी, *"मेरे साथ चलना है तो स्वयं का घूर फूंककर तमाशा देखना होगा। इसलिए जो लोग मेरे साथ आएं वे खाली ज़मीन पर सोने के लिए, मोटा कपड़ा पहनने के लिए, भोर पहर बहुत जल्दी उठने के लिए, सीधा-सादा नीरस खाना खाकर पेट भरने और यहां तक कि अपना मल स्वयं साफ़ करने के लिए तैयार रहें।"*[8]

---

7. फ्रीडम एट मिडनाइट, पृ. 116

गांधीजी ने अपने विचारों की शक्ति के बल पर पूरी दुनिया का ध्यान भारत के स्वतंत्रता आन्दोलन की ओर खींचा। उन्होंने कहा, "सारी दुनिया का ध्यान भारत के स्वतंत्रता संग्राम की ओर आकर्षित हुआ है, क्योंकि हमने स्वतंत्रता प्राप्त करने के लिए जो तरीक़े अपनाये हैं, वे अनोखे हैं...दुनिया ख़ून बहाते-बहाते बेहद तंग आ चुकी है। दुनिया बाहर निकलने का कोई रास्ता खोज रही है और मैं यह विश्वास प्रकट करके अपनी पीठ खुद ठोंक रहा हूं कि शायद इस लालायित दुनिया को मुक्ति का मार्ग दिखाने का श्रेय भारत की प्राचीन भूमि को ही प्राप्त होगा।"

यह गांधीजी और उनके विचारों की क्षमता का ही परिणाम था कि उनकी मृत्यु के समय अंतिम वायसराय लार्ड माउंटबेटन की भी आंखें भर आयीं थी। क्योंकि गांधीजी के विचार और उनकी जीवन-शैली को देखने के बाद, माउंटबेटन को भी गांधीजी से गहरा लगाव हो गया था। गांधी जी की मृत्यु पर उन्हें श्रद्धांजलि देते हुए माउंटबेटन ने कहा था– *"इतिहास में महात्मा गाँधीजी का नाम उसी श्रद्धा के साथ लिया जाएगा जैसे ईसा और बुद्ध का लिया जाता है।"*[9]

एक सफल 'मैनेजमेन्ट' गुरु को अपने भीतर ऐसे गुणों का विकास करना चाहिए कि यदि उसका विरोधी भी उसकी नीतियों को जाने तो वह भी उनसे प्रभावित हुए बिना न रह सके। गांधी जी ने अपने विचारों, अपनी जीवन-शैली और समाज की नब्ज को पहचान कर नीति बनाने की जो कला हासिल की, उसकी वजह से वह उस समय के एक सर्वाधिक मान्यता प्राप्त व्यक्तित्व के रूप में अपनी पहचान बना सके। गांधीजी के प्रबंधन कौशल से प्रेरणा लेकर इन बातों को आज से ही अपने जीवन में उतारें–

- स्वयं के व्यक्तित्व को इतना प्रभावशाली बनायें कि दूसरे भी आपसे प्रेरणा ग्रहण करें।

---

8. फ्रीडम एट मिडनाइट, पृ. 34
9. फ्रीडम एट मिडनाइट, पृ. 117

- अपनी कार्य-शैली और विचारों को इस प्रकार लागू करें कि आपके सहयोगी भी उनके संदर्भ में अपनी सहज स्वीकृति प्रदान करें।
- अपने विचारों को इस प्रकार प्रतिपादित करें कि सम्बंधित व्यक्तियों पर तत्काल ही उनका सकारात्मक प्रभाव पड़े।

❑❑

5

कर्तव्य के प्रति जागरूकता

कर्तव्य हो जाता है, तो फिर उसके परिणामों के बारे में सोचने की गुंजाइश ही नहीं रह जाती। कर्तव्य तो हर हालत में करना है–चाहे कोई साथ देने वाला हो या न हो।

–सम्पूर्ण गांधी वाङ्मय (खण्ड 67), पृ. 151

कर्तव्य के प्रति जागरूकता

अपने अधिकारों और कर्तव्यों का सही ज्ञान होना भी 'मैनेजमेंट थ्योरी' का एक महत्त्वपूर्ण अंग है। गांधीजी ने हमेशा अपने अधिकारों और उनके साथ-साथ अपने कर्तव्यों को भी बहुत बारीक़ी के साथ समझा। उन्होंने अपने आचरण से इस मान्यता को बल दिया कि हमें अपने कर्तव्यों का पालन पूरी जागरूकता के साथ करना चाहिए। उन्होंने कहा कि यदि हम अपने कर्तव्यों के प्रति पूरी तरह से जागरूक नहीं हैं तो हमें अधिकारों की मांग करने का अधिकार भी नहीं है।

सिद्धान्तों के प्रति समर्पण

गांधीजी का मानना था कि सिद्धांतों का पालन किये बिना व्यक्ति अपने कर्तव्य धर्म का पालन नहीं कर सकता। वह मानते थे कि जीवन में हर क़ीमत पर सिद्धांतों का पालन करना चाहिए। इस सम्बंध में उन्होंने कहा है–*"कुछ सिद्धान्त सनातन होते हैं–जिनसे समझौता हो ही नहीं सकता। उनके पालन के लिए तो हमें अपने प्राणों की भी क़ुर्बानी करने को तैयार रहना चाहिए–सिद्धान्त तो सिद्धान्त ही है। उसका पालन करने के लिए हमें निरन्तर प्रयत्न करते रहना चाहिए और यह यत्न भी सजग, बुद्धिपूर्वक और सुदृढ़ होना चाहिए।"*[1]

गांधी जी ने केवल सैद्धांतिक रूप में कर्तव्यों के करने पर बल नहीं दिया, बल्कि अपने जीवन के द्वारा अनेक उदाहरण स्थापित करते हुए, अपने कर्तव्यबोध का भरपूर परिचय भी दिया। वह मानते थे कि यदि हम पूरे मन के

---

1. सम्पूर्ण गांधी वाङ्मय (खण्ड 63), पृ. 278

साथ अपने कर्तव्यों का पालन नहीं कर रहे तो हमें किसी भी अधिकार की मांग करने का हक़ नहीं है। उन्होंने कहा—*"अपने कर्तव्यों को पूरा करने का अधिकार ही एकमात्र अधिकार है, जिसके लिए मनुष्य का जीवन-धारण और भरण होता है। इसी के अन्तर्गत मनुष्य के सभी न्यायिक अधिकार निहित हैं।"*[2] एक सफल मैनेजमेंट कर्मी को इस बात का संकल्प करना चाहिए कि मैं अपने कर्तव्यों का पालन हर क़ीमत पर करूंगा।

कर्तव्य-निष्ठा को प्रकट करने वाली घटनाएं

गांधी जी ने अपने जीवन की अनेक घटनाओं से पूरे समाज को इस बात के लिए प्रेरित किया कि हमारी कर्तव्य-निष्ठा उच्च स्तर की होनी चाहिए। आज आज़ादी के साठ वर्ष बीत जाने पर भी यह लगता है कि उस समय, जब हमारे समाज में जात-पात, भेद-भाव और विषमताओं की भरमार थी, उन्होंने किस शक्ति के बल पर अपने संकल्पों को पूरा करने का कार्य किया? वह निश्चित रूप से कर्तव्य के प्रति उनके समर्पण की शक्ति थी। वह कभी भी कर्तव्य पथ से पीछे नहीं हटे। यदि उनसे कभी कोई भूल भी हो गयी तो उन्होंने उसे सार्वजनिक रूप से स्वीकार किया और उसके लिए माफी भी मांगी। एक सफल 'मैनेजमेंट' गुरु के लिए यह आवश्यक है कि वह पूरी चेतना के साथ अपने कर्तव्यों का पालन करे और अपनी ख़ामियों को दृष्टिगत रखते हुए, उनमें सुधार करने की लगातार कोशिश करे।

खुद किया दाई का कार्य

जब गांधी जी के यहां उनकी अंतिम संतान पैदा हुई तो उनकी पत्नी को अचानक ही प्रसव-वेदना शुरू हो गयी। उस समय उन्होंने अपने कर्तव्य धर्म का पालन जिस प्रकार किया, उसे प्रकट करते हुए उन्होंने कहा है—*"पत्नी को प्रसव-वेदना यकायक आरंभ हुई। डाक्टर घर पर न थे। दाई को बुलाना था। वह पास होती तो भी उससे प्रसव कराने का काम हो न सकता था। प्रसव कार्य*

---

2. · हरिजन, 21-5-1939

का सारा काम मुझे अपने हाथों ही करना पड़ा। सौभाग्यवश मैंने 'मांने शिखामण' पुस्तक में इस विषय को ध्यानपूर्वक पढ़ लिया था, इसलिए मुझे परेशानी नहीं हुई।"[3] इस घटना से गांधीजी की तत्काल निर्णय लेने की क्षमता परिलक्षित होती है। किसी भी 'मैनेजमेंट' कर्मी के लिए यह आवश्यक है कि वह अपने भीतर, विषम से विषम स्थितियों में भी तुरंत निर्णय लेने की क्षमता का विकास करे।

क़ीमती उपहारों का त्याग

गांधीजी जिस समय दक्षिण अफ्रीका को छोड़कर भारत आने की योजना बना रहे थे, उस समय उन्होंने सोचा कि मुझे यहां रहने के दौरान जो भेंटें मिली हैं, मैं उनसे किस प्रकार मुक्ति प्राप्त करूं। उन्होंने इस बात को स्वीकार किया है कि मैं दूसरे लोगों को प्रेरित करता था कि क़ीमती उपहारों और ज़ेवरों का त्याग करना चाहिए। इस स्थिति के बारे में अपनी मानसिकता को प्रकट करते हुए गांधीजी ने कहा है–*"मैं शायद भेंटों को पचा लूं, पर मेरे बच्चों का क्या होगा? स्त्री का क्या होगा? उन्हें शिक्षा तो सेवा की मिलती थी। सदा समझाया जाता था कि सेवा के दाम नहीं हुआ करते। क़ीमती गहने वग़ैरा मैं रखता नहीं था। सादगी बढ़ती जा रही थी। ऐसी स्थिति में सोने की घड़ियां कौन काम में लायेगा? सोने की जंजीर और हीरे की अंगूठियां कौन पहनेगा? गहने गांठों का मोह तजने का उपदेश उस समय भी मैं औरों को दिया करता था। अब इन ज़ेवरों और जवाहरात का मैं क्या करूं?*

मैं इस निर्णय पर पहुंचा कि मैं इन चीज़ों को नहीं रख सकता। पारसी रुस्तमजी आदि को इन गहनों का ट्रस्टी बनाकर उनके नाम लिख देने का मसविदा बनाया और सवेरे स्त्री-पुत्रादि से सलाह करके अपना बोझ हलका करने का निश्चय किया।

पत्नी को समझाना कठिन होगा, यह मैं जानता था। बच्चों को समझाने में बिल्कुल कठिनाई न होगी इसका मुझे विश्वास था। इस मामले में उन्हें वकील बनाने का इरादा किया।"[4]

---

3. माई एक्सपेरिमेंट विद ट्रूथ, पृ. 197

गांधी जी की सबसे बड़ी विशेषता यह थी कि उन्होंने दूसरों से जो कुछ भी करने के लिए कहा, पहले उसे खुद पर लागू किया। एक सफल 'मैनेजमेंट' कर्मी के लिए यह आवश्यक है कि वह अपने कार्यों से एक आदर्श स्थापित करे, जिन बातों को दूसरों से अपनाने के लिए कहे, उन पर खुद भी अमल करे।

स्वयं किया मैल साफ़ करने का कार्य

यह सन् 1901 की बात है, गांधी जी जब कलकत्ता में कांग्रेस महासभा के अधिवेशन में भाग लेने के लिए गए तो वहां की स्थिति देखकर दंग रह गये। वहां की प्रबंध व्यवस्था बहुत ही ख़राब थी। एक व्यक्ति को जो काम कहा जाता, वह उसे दूसरे पर टाल देता और दूसरा तीसरे पर। इस सम्बन्ध में गांधीजी ने लिखा है—"गंदगी की हद नहीं थी। सब कहीं पानी-ही-पानी हो रहा था। पाखाने कम ही थे। उनकी बदबू याद करके आज भी मेरा सर चकराता है। एक स्वयंसेवक को मैंने वह हालत दिखाई। वह तुनककर बोला—*"यह तो भंगी का काम है।" मैंने झाड़ू मांगी। वह मेरा मुंह ताकने लगा। मैंने झाड़ू ढूंढ़ ली। पाखाना साफ़ कर लिया, पर यह तो अपने सुभीते के लिए हुआ। भीड़ इतनी थी और पाखाने इतने कम थे कि हर इस्तेमाल के बाद उनकी सफ़ाई होनी चाहिए थी। यह मेरे बूते के बाहर की बात थी, अतः मैंने अपने भर का सुभीता करके संतोष किया। मैंने देखा कि औरों को यह गंदगी खलती न थी।*

पर इतने से ही बस न था। रात को कुछ लोग तो कमरे के आगे के बरामदे में ही निपट लेते थे। सवेरे स्वयंसेवकों को मैंने मैल दिखाया। साफ़ करने को कोई तैयार न था। उसे साफ़ करने का गौरव मैंने ही प्राप्त किया।"[5]

समाज सेवा के लिए ब्रह्मचर्य व्रत

गांधीजी ने हमेशा ही अपने कर्तव्य का पालन पूरी निष्ठा के साथ किया। वह पहले तो यह निर्धारित करते थे कि मुझे क्या करना है? फिर उस कार्य को योजनाबद्ध तरीक़े से करते थे। गांधी जी जब दक्षिण अफ्रीका में नेटाल में थे, उस

---

4. माई एक्सपेरिमेंट विद ट्रूथ, पृ. 212
5. माई एक्सपेरिमेंट विद ट्रूथ, पृ. 216

समय वहां पर अचानक, 'जुलू बलवा' हो गया। 'जुलू' वहां रहने वाले लागों के एक विशेष सम्प्रदाय को कहा जाता था। गांधीजी को भी वहां उस बलवे में घायल लोगों की सेवा का मौक़ा मिला। जब उन्होंने समाज-सेवा का व्रत लिया तो यह निर्धारित किया कि पारिवारिक ज़िम्मेदारियों को कम किया जाए। इसी बात को दृष्टिगत रखते हुए उन्होंने ब्रह्मचर्य व्रत का पालन करने का फैसला किया। उन्हें यह प्रेरणा 'जुलू बलवे' के दौरान कार्य करते समय मिली थी। इस सम्बंध में गांधीजी ने कहा है—*"यहां मेरे ब्रह्मचर्य विषयक विचार परिपक्व हुए। अपने साथियों से भी मैंने इसकी कुछ चर्चा की। ईश्वरदर्शन के लिए ब्रह्मचर्य अनिवार्य वस्तु है, यह तो मुझे अभी प्रत्यक्ष नहीं हुआ था, पर सेवा के लिए इसकी आवश्यकता मेरे सामने स्पष्ट हो गई। मुझे दिखाई दिया कि इस प्रकार मेरे हिस्से में ज़्यादा सेवा आएगी और अगर मैं भोग-विलास में, बच्चे पैदा करने और परिवार पालन में लगा रहूं तो मुझसे पूरी सेवा नहीं बन सकती। दो घोड़ों की सवारी कैसे हो सकती है। यदि पत्नी के पेट में बच्चा हो तो मैं निश्चित चित्त से इस सेवा-कार्य में नहीं कूद सकता था। बिना ब्रह्मचर्य का पालन किये कुनबा बढ़ाना समाज के अभ्युदय के लिए किये जाने-वाले मनुष्य के प्रयत्न की विरोधी वस्तु बन जाती है। विवाहित होकर भी ब्रह्मचर्य का पालन किया जाये तो कुटुंब-सेवा, समाज-सेवी की विरोधी नहीं होती, मैं ऐसी विचार-तरंगों में बहने लगा और व्रत लेने को कुछ अधीर भी हो गया। इन विचारों से मुझे एक तरह का आनंद मिला और मेरा उत्साह बढ़ा। कल्पना ने सेवा का क्षेत्र बहुत विशाल कर दिया।"*[6]

एक सफल 'मैनेजमेंट' कर्मी को इस बात के लिए भी तैयार रहना चाहिए कि अपने उद्देश्य की प्राप्ति के लिए यदि उसे अपनी जीवन-शैली में भी परिवर्तन करना पड़े तो वह उसके लिए भी तत्पर रहेगा।

किसी काम को छोटा न समझना

गांधीजी ने जीवनभर किसी भी काम को छोटा समझने की भूल नहीं की। उन्होंने जिस भी विषय में, जो कुछ भी कहा, सबसे पहले उसे अपने ऊपर लागू भी किया। जब वे कुंभ के अवसर पर हरिद्वार पहुंचे तो उन्हें लगा कि यहां तो

---

6. · माई एक्सपेरिमेंट विद ट्रूथ, पृ. 298

किसी भी प्रकार की सफाई आदि की व्यवस्था नहीं है। उन्होंने इस कार्य को स्वयं संभालने का निर्णय लिया। इस स्थिति के बारे में उन्होंने अपनी आत्मकथा में लिखा है–*"हमने शांतिनिकेतन में ही देखा था कि भंगी का काम करना तो हिन्दुस्तान में हमारा ख़ास पेशा हो ही जायेगा। स्वयं सेवकों के लिए किसी धर्मशाला में तंबू लगाये गये थे। पाखानों के लिए डॉक्टर देव ने गड्ढे खुदवाये थे? वह उन गड्ढों की सफ़ाई का इंतजाम ऐसे मौक़े पर, जो थोड़े से तनख़्वाहदार भंगी मिल सकते थे, उन्ही के ज़रिये करा सकते थे, इन गड्ढों में पड़ने वाले पाखाने को समय-समय पर ढांकते रहने का और उसे अच्छी तरह से साफ़ रखने का काम फिनिक्स की टुकड़ी के ज़िम्मे कर देने की मेरी प्रार्थना डॉक्टर देव ने ख़ुशी से स्वीकार कर ली थी। इस सेवा की मांग करनेवाला तो मैं था, पर करने का बोझ उठानेवाले थे मगनलाल गांधी।"*[7]

दीन-दुखियों के प्रति करुणा

दक्षिण अफ्रीका में एक दिन एक अपंग कोढ़ी गांधीजी के आश्रम में पहुंच गया। पहले तो गांधीजी ने उसे खाने के लिए कुछ देकर वहां से हटा देना चाहा, लेकिन फिर उसे अपने कमरे में ले आये। उसके घावों को धोया, दवा लगाई, लेकिन अधिक दिनों तक उसे घर में रखा नहीं जा सकता था, इसलिए उसे गिरमिटिया के सरकारी अस्पताल में भेज दिया, लेकिन इस घटना ने गांधी जी को कोढ़ियों और असहाय रोगियों की सेवा-सुश्रुषा करने की प्रेरणा दे दी। वहां डॉक्टर बूथ सेंट एडम्स, 'मिशन' के अधिकारी थे। दीन-दुखियों के प्रति उनके मन में अपार दया और करुणा थी, वह लोगों को मुफ़्त दवा दिया करते थे। उनकी देखरेख में रुस्तम जी के दान से एक छोटा-सा अस्पताल खोला गया। गांधी जी उस अस्पताल में रोगियों की सेवा-सुश्रुषा करने लगे।

बड़ों के प्रति सम्मान

गांधी जी की हाईस्कूल के पहले ही वर्ष की परीक्षा के समय की एक घटना उल्लेखनीय है। शिक्षा-विभाग के इंस्पेक्टर, जाइल्स साहब मुआएने के लिये

---

7. माई एक्सपेरिमेंट विद ट्रूथ, पृ. 361

आये। उन्होंने पहले दर्ज़े के विद्यार्थियों को पांच शब्द लिखवाए। उनमें एक शब्द था 'केटिल'। उसके हिज्जे गांधीजी ने ग़लत लिखे। 'मास्टर' ने उन्हें बूट के इशारे से चेताया; पर वे कहां समझने वाले थे! उनके दिमाग़ में यह बात न आई कि 'मास्टर साहब' उन्हें सामने के लड़के की 'स्लेट' देखकर हिज्जे दुरुस्त करने का इशारा कर रहे हैं। उन्होंने यह मान रखा था कि 'मास्टर' तो इसके लिए तैनात हैं कि कोई लड़का दूसरे की नकल न कर सके। सब लड़कों के पांचों शब्द सही निकले, अकेले वे ही बेवकूफ बन गये। उनकी बेवकूफी बाद में मास्टर ने बतलाई। उनके मन पर उसका कोई असर नहीं हुआ। दूसरे लड़कों की नकल करना उन्हें कभी न आया। ऐसा होते हुए भी 'मास्टर' के प्रति उनका आदर कभी न घटा। बड़े-बूढ़ों के दोष न देखने का गुण उनमें स्वाभाविक था। बाद को तो इन 'मास्टर साहब' के दूसरे दोष भी उनकी नज़र में आये। फिर भी उनके प्रति गांधीजी का आदर ज्यों-का-त्यों कायम रहा। वह इतना जानते थे कि बड़े-बूढ़ों की आज्ञा का पालन करना चाहिए, जो वे कहें, करना चाहिए; पर वे जो कुछ करें, उसका क़ाज़ी हमको नहीं बनना चाहिए।

अगर किसी आदमी को सड़क साफ़ करने का काम दिया जाए तो उसे सफ़ाई वैसे ही करनी चाहिए जैसे माइकेलएंजिलो पेंटिंग करता हो या बीथोवन संगीत की रचना करता हो या शेक्सपियर कोई कविता लिखता हो। उसे सड़क की सफ़ाई इतनी अच्छी तरह करनी चाहिए कि स्वर्ग और पृथ्वी, दोनों जगहों के लोग रुककर बोले कि यहां सड़क पर सफ़ाई करने वाला रहता था, जिसने अपना काम गर्व से और बहुत अच्छी तरह किया।[8]

एक सफल 'मैनेजमेंट' गुरु के लिए यह आवश्यक है कि वह अपने कार्यों को पूरी निष्ठा और ईमानदारी के साथ करे। उसकी कथनी और करनी में किसी भी प्रकार का कोई भी अंतर नहीं होना चाहिए। उसे अपने कर्तव्यों के प्रति हमेशा जागरूक होना चाहिए। उसे कभी भी किसी भी काम को छोटा या बड़ा नहीं समझना चाहिए। क्योंकि एक सफल 'मैनेजमेंट' गुरु वह है, जो दूसरों के लिए भी एक उदाहरण बन जाये। गांधी जी ने जो कुछ भी किया, उसे हमेशा पूरी निष्ठा, ईमानदारी और केवल शारीरिक ही नहीं, वरन मानसिक रूप से पूरी

तरह स्वीकार करके मूर्त रूप दिया। प्रस्तुत 'चैप्टर' से हमें जो दिशा-निर्देश मिलते हैं, उनके आधार पर इन बातों को आज से ही अपने जीवन में लागू करें–

- कर्तव्य के प्रति जागरूक रहें और अपने कार्यों को सही समय पर करें।
- किसी भी कार्य को छोटा न समझें।
- लक्ष्य प्राप्ति के लिए यदि आवश्यक हो तो अपनी जीवन-शैली में भी परिवर्तन करें।
- अपनी कर्तव्य-निष्ठा से दूसरों के लिए भी उदाहरण प्रस्तुत करें।

❑❑

---

8. मार्टिन लूथर किंग, जूनियर

6

समय और श्रम का सम्मान

- *एक भी मिनट फ़िज़ूल जाता है तो वापिस कभी नहीं आता है। यह जानते हुए भी हम कितने मिनट गंवाते हैं।*

- *श्रम से बड़ा कर्म नहीं। श्रम की महिमा अपरंपार है। पूरी लगन और निष्ठा से किए गए श्रम की तुलना किसी से नहीं हो सकती।*

–महात्मा गांधी

समय और श्रम का सम्मान

जो व्यक्ति समय का सम्मान नहीं करता, समय भी उसका सम्मान नहीं करता। मेरा मानना है कि सार्वजनिक जीवन में सफल होने के लिए सबसे अधिक आवश्यकता इस बात की है कि हम अपनी दिनचर्या को इस प्रकार व्यवस्थित करें कि हमारे द्वारा सम्पादित किये जाने वाले किसी भी कार्य में, समय को लेकर अव्यवस्था पैदा न हो। गांधी इस विषय में बहुत सावधानी और जागरूकता के साथ योजना बनाते थे। उस समय के लोगों का कहना है कि आप उनकी दिनचर्या के अनुसार अपनी घड़ी मिला सकते थे। विषम से विषम परिस्थितियों के बीच भी उन्होंने अपनी प्रार्थना सभा के समय में परिवर्तन नहीं किया। वह अपनी दिनचर्या को इस प्रकार निर्धारित करते थे कि एक ही दिन में इतने अधिक कार्य करने के पश्चात भी, उन्हें किसी प्रकार की कोई भी असुविधा नहीं होती थी। समय-नियोजन के संदर्भ में उन्होंने स्वयं कहा है—

- जो समय बचाना चाहता है, वह अनावश्यक बात एक भी नहीं करेगा।
- अच्छा काम इसी क्षण करें, बुरा काम हमेशा टालते रहें।
- जो काम आप आज कर सकते हैं, उसे कभी भी कल पर न टालें।

गांधीजी ने हमेशा समय का सम्मान किया। यह उनका समय-नियोजन ही था कि इतनी व्यस्तताओं के बावज़ूद, वह इतने अधिक कार्यों को आसानी से कर लेते थे। उन्होंने शायद कभी आपातकालीन स्थितियों में ही अपनी प्रार्थना सभा और अपने दैनिक कार्यों के समय में परिवर्तन किया होगा। यह उनका समय नियोजन ही था कि वह यदि वायसराय लार्ड माउन्टबेटन से भी मिलने गये तो उनसे भी बातचीत के दौरान उन्होंने स्पष्ट कह दिया कि अब मेरा प्रार्थना का समय हो गया है, इसलिए इज़ाजत चाहता हूं।

एक सफल 'मैनेजमेंट' गुरु के लिए यह बहुत ही आवश्यक है कि वह अपने समय का सही नियोजन करना सीखे। क्योंकि हम बाक़ी चीज़ों को तो धन के द्वारा प्राप्त कर सकते हैं, लेकिन बीता हुआ समय कभी भी और किसी भी क़ीमत पर वापिस नहीं आ सकता। सफलता के लिए सही 'टाइमिंग' का होना बहुत ही आवश्यक है। गलत 'टाइमिंग' आपकी सारी योजनाओं को निरस्त कर सकती है। कुछ लोगों की आदत होती है कि वह बिस्कुट को चाय में डुबोकर खाते हैं, इस प्रक्रिया में 'टाईमिंग' बहुत ही महत्त्वपूर्ण है, यदि बिस्कुट खाने वाले व्यक्ति ने अपने बिस्कुट को, एक सेकण्ड अधिक समय तक चाय में डाल दिया तो वह बिस्कुट चाय के कप में घुल जायेगा और यदि उसने उसे तुरंत निकाल लिया तो फिर उसके चाय में डुबोने का कोई भी लाभ नहीं होगा। इस प्रक्रिया में उसे यह भी ध्यान रखना होगा कि चाय के प्याले और उसके मुंह तक पहुंचने में बिस्कुट को अधिक समय न लगे। ये सारी प्रक्रिया 'टाइमिंग' पर निर्भर करती है। यदि उसने सही 'टाईमिंग' का प्रयोग किया तो सब कुछ उसी प्रकार हो जायेगा, जिस प्रकार कि वह चाहता है। यदि उसने सही 'टाइमिंग' का प्रयोग नहीं किया तो सब कुछ ग़लत हो जायेगा। स्पष्ट होता है एक क्षण की ग़लत 'टाईमिंग' भी बनी-बनाई स्थिति को बिगाड़ सकती है।

कई बार ऐसा होता है कि हमें किसी गंतव्य पर पहुंचने के लिए कोई ट्रेन पकड़नी है और यदि हम अपने समय नियोजन में एक क्षण की भी चूक कर जायें और वह गाड़ी हमारे प्लेटफार्म पर पहुंचते ही हमें जाती हुई दिखाई दे तो उस वक़्त एक क्षण की देरी भी हमारे सामने विकट समस्या खड़ी कर देती है। हमें उस एक क्षण की ग़लती का सुधार करने के लिंए, पहले से कई गुना समय भी ख़र्च करना पड़ता है, पैसा भी और श्रम भी। साथ ही साथ जो मानसिक तनाव मिलता है, वह उस एक क्षण की ग़लती का 'बोनस' है। इसलिए, सफलता प्राप्त करने के लिए समय का सम्मान किया जाना बेहद आवश्यक है।

कुछ कर्मचारियों की आदत होती है कि वह अपने ऑफिस में हमेशा देरी से पहुंचते हैं। उनके बॉस को उनसे यह शिकायत रहती है कि आप प्रतिदिन ही देरी से आते हैं। सम्भव है कि वह समय पर आने वाले अन्य कर्मचारियों से ज़्यादा काम करते हों, लेकिन अपनी इस एक कमी की वजह से वे अपने बॉस

की नज़रों में हमेशा के लिए एक लापरवाह की 'इमेज़' बना लेते हैं। इसलिए बाक़ी चीज़ों का महत्त्व तो बाद में है, पहले हमें अपने समय-नियोजन का ध्यान हमेशा रखना चाहिये। गांधीजी, इस दृष्टि से भी अपने समय-नियोजन के द्वारा हमारे सामने एक आदर्श प्रस्तुत करते हैं। उनकी जीवन-शैली और कार्यों को व्यवस्थित तरीक़े से करने की पद्धति, हमें इस बात की प्रेरणा देती है कि जब एक व्यक्ति इतने अधिक आन्दोलनों में अपनी सक्रिय सहभागिता के बावज़ूद अपने आपको व्यवस्थित कर सकता है, तो हम क्यों नहीं कर सकते?

श्रम की महत्ता

यदि आप अपनी ज़िन्दगी में कोई बड़ा लक्ष्य प्राप्त करना चाहते हैं तो आपको श्रम की शक्ति को स्वीकार करना ही पड़ेगा। गांधी जी ने जीवन-भर जिस प्रकार की ज़िन्दगी जी, वह अपने आप में श्रम के महत्त्व को प्रतिपादित करने का एक श्रेष्ठ उदाहरण है। जब उनके शरीर की क्षमताएं क्षीण होने लगी थीं, तब भी वह हिम्मत नहीं हारते थे और ऐसा कुछ करने के लिए लालायित रहते थे कि सामने वाला समझ नहीं पाता था कि यह करिश्मा वह किस ताक़त के बल पर कर रहे हैं? वह 78 वर्ष की आयु में भी, पैदल चलकर सड़क मार्ग से यात्रा करते हुए, पाकिस्तान जाना चाहते थे। उनके भीतर एक ऐसा संकल्पशील व्यक्ति था, जिसक़ी आभा और ऊर्जा से वह विषम से विषम स्थितियों को भी सरल बना देते थे। अपनी आत्मकथा में एक स्थान पर उन्होंने स्वयं लिखा है– *"कुछ काम-काज किये बिना साथियों की सेवा लेकर क्षीण होते हुए शरीर को टिकाये रखना मुझे अति कष्टकर लगता था।"*[1]

श्रम के भीतर ही वह शक्ति निहित है, जो आपको, आपके अन्य साथियों की तुलना में श्रेष्ठ सिद्ध कर सकती है। यदि आप अपने जीवन को नयी दिशाएं और नयी ऊंचाई प्रदान करना चाहते हैं तो आपको श्रम की महत्ता को स्वीकार करना ही पड़ेगा । गांधी जी ने जीवन-भर श्रम की इस शक्ति को प्रणाम किया। जिस समय उनकी आयु अठहत्तर वर्ष की हो गयी थी और उन्हें हिन्दुओं और

1. माई एक्सपेरिमेंट विद ट्रूथ, पृ. 415

मुसलमानों के बीच परस्पर साम्प्रदायिक सौहार्द्र स्थापित करने के लिए आमरण अनशन करना पड़ा था, उस समय भी उनकी इच्छा शक्ति में जो अदम्य साहस था, वह श्रम के संदर्भ में उनकी महत्ता को प्रतिपादित करता है।

गांधी जी का मानना था कि यदि आप अपने परिवार और समाज के लिए नैतिक रूप से कुछ करना चाहते हैं तो आपको निरन्तर परिश्रम करना चाहिए। वह केवल दूसरों को ही कर्मरत रहने का संदेश नहीं देते थे, बल्कि जो कहते थे, पहले उसे खुद पर भी लागू करते थे। इसलिए अपने जन्म से लेकर अपनी मृत्यु तक उन्होंने अपने आपको निरन्तर सक्रिय रखा। उन्होंने श्रम का महत्त्व प्रतिपादित करते हुए कहा है–*"जो सत्य और अहिंसा का उपासक है, भारत की, और जीवमात्र की सेवा करना चाहता है–वह सुस्त नहीं रह सकता। जो समय का नाश करता है, वह सत्य, अहिंसा और सेवा का भी नाश करता है। यही बात सफ़ाई की भी है। यदि हमें स्फूर्ति, समय और स्वच्छता का ध्यान रहेगा–तो ज्ञान का अभाव नहीं रहेगा। हम जिसे ज्ञान का अभाव कहते हैं, वह सचमुच तन्मयता का अभाव है।"*[2]

गांधी जी ने हमेशा ही श्रम की महत्ता पर बल दिया। उनका कहना था कि हम तब तक, किसी ग़रीब आदमी की मेहनत को नहीं समझ सकते, जब तक कि हम उसके जैसी मेहनत स्वयं भी न करके देखें, इसलिए उन्होंने कहा–*"इससे अधिक उदात्त या अधिक राष्ट्रीय वस्तु की मैं कल्पना नहीं कर सकता कि हम सब रोज़ घंटे-भर वहीं परिश्रम करें जो ग़रीबों को करना होता है।"*

गांधी जी का मानना था कि यदि एक व्यक्ति श्रम करता है तो इससे उसके मन को भी शांति मिलती है और उसका स्वास्थ्य भी ठीक रहता है। उसके मन पर इस प्रकार का भी कोई बोझ नहीं रहता कि उसे जिन चीज़ों की प्राप्ति हो रही है, उन्हें प्राप्त करने का उसे कोई भी हक़ नहीं है। आज भी समाज में ऐसे अनेक व्यक्ति हैं, जिन्हें ठीक से निद्रा न आने की समस्या है, इस समस्या के पीछे मूल कारण यह है कि उनका चित्त कभी भी एकाग्र नहीं हो पाता। चित्त की एकाग्रता के लिए श्रम किया जाना अत्यंत ही आवश्यक है। इसलिए उन्होंने

2. सम्पूर्ण गांधी वाङ्मय (खण्ड 62), पृ. 240

कहा है– "एकाग्रचित होने का सबसे अच्छा उपाय है–जो शारीरिक काम किया जाए उसमें तन्मय हो जाना, उसे अच्छे-से-अच्छे करने का प्रयास करने से उसमें तन्मयता आ ही जाती है।"[3]

गांधी जी का मानना था कि जब तक भारत के सभी लोग, एक साथ मिलकर, श्रम करने का संकल्प नहीं लेंगे, तब तक भारत की ग़रीबी को दूर नहीं किया जा सकता। श्रम के महत्त्व के संदर्भ में उन्होंने कहा है–

- ग़रीबी तभी दूर होगी, जब भारत के जन-जन के हृदय से आलस्य की भावना दूर भाग जाएगी।
- भारत की दरिद्रता मुख्यतः उसके आलस्य का परिणाम है।
- जो मनुष्य किसी का भी बोझ हलका करता है, वह निकम्मा नहीं है।
- जो मनुष्य ईश्वर को तारणहार कह कर अपने आलस्य को बढ़ाते हैं, वह गुनाह करते हैं।
- गुण ग्रहण करने के लिए प्रयास भी आवश्यक है।
- जो मज़दूरी नहीं करता लेकिन खाता है, वह चोरी का अन्न खाता है।

एक सफल 'मैनेजमेंट' गुरु के लिए यह आवश्यक है कि वह इस बात का संकल्प लें कि श्रम की साधना के बग़ैर मैं किसी प्रकार के फल की चाह नहीं करूंगा। गांधी जी का मानना था कि श्रम के बिना फल की चाह करना व्यक्ति के छोटेपन का परिचायक है। श्रम से प्राप्त फल ही सुखदायी होता है, क्योंकि उसका उपभोग करते समय व्यक्ति को जो आनन्द आता है, उसकी तुलना किसी भी अन्य चीज़ से नहीं की जा सकती। इसलिए सफलता प्राप्त करने के लिए श्रम के महत्व की स्वीकारोक्ति और उसे जीवन में उतारना बहुत ही आवश्यक है।

आइये, गांधीजी की नीतियों से प्रेरणा लेकर, इन बातों को अपने जीवन में आज से ही लागू करें–

- हमें कल के कार्यों को करने के लिए आज ही समय-नियोजन करना है।
- इस पर विचार करें कि हमारी अव्यवस्थित दिनचर्या के लिए हमारे अतिरिक्त कौन ज़िम्मेदार है?

---

3. सम्पूर्ण गांधी वाङ्मय (खण्ड 56), पृ. 190

- अपने एक भी मिनट को व्यर्थ के कार्यों पर नष्ट न करें।
- अपने कार्यों को स्वयं करने की आदत डालें।
- अपने व्यक्तित्व में इस भावना का विकास करें कि कोई भी काम छोटा या बड़ा तो बाद में होता है, पहले काम होता है।
- श्रम से कभी भी मुंह न मोड़ें।

❑❑

7

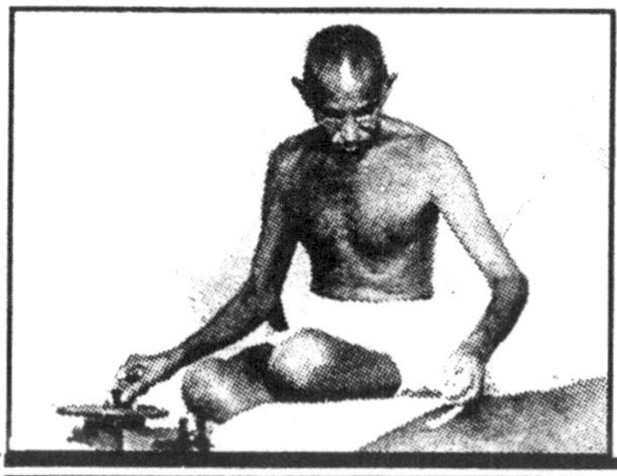

सकारात्मक दृष्टिकोण

अपनी सीमाओं को जानने वाले एक साधारण व्यक्ति होने के नाते, मैं अपने देश की सेवा से सन्तुष्ट हूं। साथ-ही-साथ इस बात का भी ध्यान रखता हूं कि मैं अपने किसी कृत्य से किसी दूसरे देश को क्षति न पहुंचाऊं। मेरी यह धारणा है कि राष्ट्रीय हुए बिना अन्तर्राष्ट्रीय होना असम्भव है। अन्तर्राष्ट्रीयता तभी सम्भव है, जबकि राष्ट्रीयता एक तथ्य बन जाए अर्थात जब अलग-अलग देशों के लोग अपने को इस प्रकार संगठित कर लें कि वे सब मिलकर एक मनुष्य जैसा कार्य करें। राष्ट्रवाद बुरा नहीं है, लेकिन उसके साथ जुड़ी संकीर्णता, स्वार्थपरता, एकांगिता बुरी होती है।

–यंग इण्डिया (भाग 2), पृ. 129

सकारात्मक दृष्टिकोण

जब तक ज़िंदगी है, ज़िंदादिली के साथ जिओ। बिना उत्साह के ज़िंदगी मौत से पहले मर जाने के समान है। उत्साह और इच्छा व्यक्ति को साधारण से असाधारण की तरफ़ ले जाती है। जिस तरह सिर्फ़ एक डिग्री के फ़र्क़ से पानी भाप बन जाता है और भाप बड़े-से-बड़े इंजन को खींच सकती है, उसी तरह उत्साह हमारी ज़िंदगी के लिए काम करता है। ये उत्साह व्यक्ति को सकारात्मक जीवन-दृष्टि से प्राप्त होता है। यदि आपके पास सकारात्मक नज़रिया है तो आप विषम से विषम स्थिति में भी अपने आपको संतुलित रखते हुए धीरे-धीरे सफलता की डगर पर चले जायेंगे और यदि आपके पास छोटी-छोटी बातों को लेकर भी नकारात्मकता है तो धीरे-धीरे आपके आस-पास के लोग भी आपके शत्रु बन जायेंगे, क्योंकि सकारात्मक दृष्टिकोण में वह शक्ति है, जो किसी शत्रु को भी आपका मित्र बना सकती है। गांधी जी के पास इस सकारात्मकता का एक शक्ति पुंज था। उन्होंने अपने भीतर जो जीवन-दृष्टि विकसित कर ली थी, उसकी रोशनी में उनकी आत्मा हर समय जगमगायी रहती थी। मानव मात्र से प्रेम करना, दूसरों की प्रशंसा करना, अपनी ख़ामियों को बिना किसी हिचक के स्वीकार कर लेना, सबको समान दृष्टि से देखना आदि, उनकी वह विशेषताएं हैं जो उन्हें मात्र मानव नहीं, बल्कि इस सदी के महामानव के रूप में मान्यता प्रदान करवाती हैं। उन्होंने सदा सच्चाई का समर्थन और झूठ का विरोध किया। इस संदर्भ में उन्होंने कहा है– *"अच्छे काम के प्रति आदर और बुरे काम के प्रति तिरस्कार होना ही चाहिए। परन्तु बुरे काम करने वाले व्यक्ति के प्रति, सदा सहानुभूति अथवा दया होनी चाहिए। यह बात समझने में आसान है, फिर भी इस पर अमल कम-से-कम होता है। इसी से इस जगत में ज़हर फैलता रहता है।"*[1]

समान दृष्टि से देखना

यह एक ऐसे बुद्धिमान व्यक्ति की कहानी है जो अपने गांव के बाहर बैठा हुआ था। एक यात्री उधर से गुज़रा और उसने उस व्यक्ति से पूछा, "इस गांव में किस तरह के लोग रहते हैं, क्योंकि मैं अपना गांव छोड़कर किसी और गांव में बसने की सोच रहा हूँ?" तब उस बुद्धिमान व्यक्ति ने पूछा, "तुम जिस गांव को छोड़ना चाहते हो उस गांव में कैसे लोग रहते हैं?" उस आदमी ने कहा, "वे स्वार्थी, निर्दयी और रूखे हैं।" बुद्धिमान व्यक्ति ने जवाब दिया, "इस गांव में भी ऐसे ही लोग रहते हैं।" कुछ समय बाद एक दूसरा यात्री वहां आया और उस बुद्धिमान व्यक्ति से वही सवाल पूछा। बुद्धिमान व्यक्ति ने उससे भी पूछा, "तुम जिस गांव को छोड़ना चाहते हो उसमें कैसे लोग रहते हैं?" उस यात्री ने जवाब दिया, "वहां लोग विनम्र, दयालु और एक-दूसरे की मदद करने वाले हैं।" तब बुद्धिमान व्यक्ति ने कहा, "इस गांव में भी तुम्हें ऐसे ही लोग मिलेंगे।"

उपरोक्त कहानी इस बात की प्रेरणा देती है कि जैसी हमारी जीवन दृष्टि होगी, दूसरे लोग भी हमें वैसे ही दिखाई देंगे। यदि हम अपनी प्रवृत्ति में सकारात्मक जीवन दृष्टि विकसित करें तो हमें दूसरों में ख़ूबियां अधिक दिखाई देने लगेंगी। यदि हमारे भीतर नकारात्मक जीवन दृष्टि विकसित होने लगे, तो हमें दूसरों में ख़ामियां अधिक नज़र आने लगेंगी। गांधी जी ने हमेशा पूरे समाज को एक सूत्र में बांधकर देखने की कोशिश की। उनके पास एक ऐसी विशेष दृष्टि थी, जिसको केवल किसी जाति विशेष के ही नहीं वरन पूरी धरती के लोग एक जैसे नज़र आते थे। सही अर्थों में वह मानव मात्र से प्रेम करने वाले और सबको समान दृष्टि से देखने वाले व्यक्ति थे। एक स्थान पर उन्होंने कहा है–*"मेरे जीवन में ऐसे संयोग आते ही रहे हैं जिनके द्वारा अनेक धर्मवालों और अनेक जाति वालों से मेरा बहुत निकट का परिचय हो सका। इन सबके अनुभवों के आधार पर कहा जा सकता है कि अपने और पराये, देशी और परदेशी, गोरे और काले, हिंदू और मुसलमान या ईसाई, पारसी या यहूदी में भेद मैंने नहीं जाना।"*[1]

1. माई एक्सपेरिमेंट विद ट्रूथ, पृ. 259

मुझे लगता है कि गांधी जी एक आध्यात्मिक पुरुष थे, राजनीति में उनका प्रवेश किस कारण से या किन परिस्थितियों में हुआ, यह एक अन्य विषय है, एक बार एक व्यक्ति ने उनसे कहा था कि यदि आप एक शुद्ध धार्मिक व्यक्ति हैं तो राजनीति में आपको प्रवेश नहीं करना चाहिए। आपको ईश्वर प्राप्ति के लिए साधना करनी चाहिए। इस पर उन्होंने मुस्कुराते हुए कहा था कि मैं जिस रास्ते पर चल रहा हूं, उस पर चलते हुए भी तो ईश्वर को प्राप्त किया जा सकता है, इसमें क्या ग़लत है? उनके मन में अपने विरोधियों के प्रति भी आदर की भावना रहती थी। इस संदर्भ में उन्होंने स्वयं कहा है–*"विनय का अर्थ है विरोधी के प्रति भी मन में आदर रखना, सरल भाव, उसके हित की रक्षा और तदनुसार व्यवहार।"*[3]

गांधी जी सभी धर्मों का समान आदर करते थे और इस बात को सार्वजनिक रूप से स्वीकार भी करते थे, वह जानते थे कि उनकी इस स्वीकारोक्ति से कुछ लोगों की भावनाओं को ठेस पहुंचती है लेकिन उन्हें इस बात की परवाह नहीं थी, क्योंकि उन्होंने स्वयं इस बात को प्रतिपादित किया कि सत्य से बढ़कर कोई भी धर्म नहीं है। इसलिए एक स्थान पर उन्होंने कहा है–*"मुझे जितनी आस्था 'गीता' पर है, उतनी ही 'बाइबिल' पर है। मैं मानता हूं कि दुनिया के सारे महान धर्म उतने ही सच्चे हैं जितना कि मेरा धर्म।"*[4]

गांधी जी ने सभी धर्मों का केवल आदर ही नहीं किया बल्कि इस बात पर भी बल दिया कि सभी धर्म उस एक ईश्वर तक पहुंचने के अलग-अलग रास्ते हैं। हम किसी भी रास्ते से यात्रा तय करें लेकिन यदि हमारी मंज़िल एक ही है तो फिर इस बात से क्या फ़र्क़ पड़ता है कि हमने रास्ता कौन-सा चुना? इस संदर्भ में उनका कहना था कि–*"यह मानना कि आपका धर्म, दूसरे धर्मों से श्रेष्ठ है, और दूसरों से अपना धर्म छोड़कर आपके धर्म में आ जाने के लिए कहना न्यायसंगत नहीं है, यह असहिष्णुता की पराकाष्ठा है–और असहिष्णुता एक प्रकार की हिंसा है।"*[5]

---

2. माई एक्सपेरिमेंट विद ट्रूथ, पृ. 260
3. माई एक्सपेरिमेंट विद ट्रूथ, पृ. 402
4. सम्पूर्ण गांधी वाड्मय (खण्ड 64), पृ. 171

गांधी जी के इस दृष्टिकोण के कारण ही कांग्रेस उस समय एक ऐसी पार्टी के रूप में खड़ी हो सकी, जिसमें हर जाति, धर्म और सम्प्रदाय को मानने वाले लोग शामिल हो गये। गांधी जी ने सबको साथ लेकर चलने की जो नीति बनाई, उसकी शक्ति के कारण कांग्रेस को वह बल मिला, जिसने उसे पूरे स्वतंत्रता संग्राम की धुरी बना दिया। गांधी जी ने कहा था–*"एकता का मतलब सिर्फ़ राजनैतिक एकता नहीं है। ...सच्चे मानी हैं वह दिली दोस्ती, जो तोड़े न टूटे। इस तरह की एकता पैदा करने के लिए सबसे पहली ज़रूरत इस बात की है कि कांग्रेसजन, वे किसी भी धर्म के मानने वाले हों, अपने को हिन्दू, मुसलमान, ईसाई, पारसी, यहूदी–सभी कौमों का नुमांइदा समझें।"*

'मैनेजमेंट' में सफलता प्राप्त करने के लिए यह आवश्यक है कि इसमें रुचि रखने वाला व्यक्ति अपने भीतर ऐसी ख़ूबियों को विकसित करे, जिनके द्वारा वह सभी को एक साथ लेकर चल सके, क्योंकि यदि आपको व्यापक पैमाने पर सफलता अर्जित करनी है तो आपको किसी व्यक्ति विशेष को नहीं वरन पूरे परिवेश को साथ लेकर चलना पड़ेगा। गांधीजी ने इस दृष्टि से भी अपनी कार्य-शैली के द्वारा आदर्श उदाहरण प्रस्तुत किये हैं। एक सफल 'मैनेजमेंट कर्मी' उनका अनुकरण करके अपनी सफलता के प्रतिशत को और भी अधिक बढ़ा सकता है।

दूसरों पर विश्वास करना

इस सदी के भारत के सबसे सफल उद्योगपति धीरुभाई अम्बानी ने कहा था कि यदि आप अपने जीवन में या उद्योग के क्षेत्र में, व्यापक सफलता अर्जित करना चाहते हैं, तो आपको विश्वसनीय सहयोगियों की तलाश करनी होगी। विश्वसनीय सहयोगियों की तलाश और उन पर विश्वास किये बिना आप अपने उद्योग को आगे नहीं बढ़ा सकते। मुझे लगता है कि उन्होंने यह विचार, गांधीजी के जीवन दर्शन को समझकर ही कहे हैं, क्योंकि गांधीजी ने हमेशा अपने विश्वस्त सहयोगियों की तलाश की और फिर उन पर भरपूर भरोसा भी किया। 'जोहान्सबर्ग' में जब उन्हें एक 'शार्टहैंड' जानने वाले 'टाइपिस्ट' की ज़रूरत थी,

5. सम्पूर्ण गांधी वाङ्मय (खण्ड 67), पृ. 72

उस समय उनकी सेवा में 'मिस श्लेसिन' नाम की एक अंग्रेज़ लड़की ने कार्य करना शुरू किया था। गांधीजी ने कहा है, उस समय उस बहन की उम्र सत्रह साल रही होगी। उसके अंदर कहीं भी किसी भी प्रकार की राग-द्वेष की बू नहीं थी। वह अपने विचारों को गांधीजी के सामने निःसंकोच होकर प्रकट करती थी। गांधीजी ने कहा है कि उसका निष्कलुष व्यवहार मुझे सदा प्रभावित करता था। मुझे उसके ज्ञान और उसकी समझ पर भी पूरा विश्वास था। इस संदर्भ में उन्होंने स्वीकार किया है– *"उसका अंग्रेजी का ज्ञान मैं सदा अपने से ऊंचा मानता था और साथ ही उसकी वफादारी पर मुझे पूरा विश्वास भी था। इससे उसके टाइप किये हुए बहुतेरे काग़जों पर मैं दुहराये बिना दस्तख़त कर दिया करता था।"*[6]

सकारात्मक नज़रिया

हार्वर्ड यूनिवर्सिटी के विलियम जेम्स का कहना है, "मेरी पीढ़ी की सबसे बड़ी खोज यह है कि इंसान अपने नज़रिए में बदलाव लाकर अपनी ज़िंदगी को बेहतर बना सकता है।"

गांधीजी ने अपने नज़रिये को हमेशा सकारात्मक रखा, उन्होंने अपनी दृष्टि को केवल परिणाम पर ही केन्द्रित नहीं रखा, बल्कि उस परिणाम को प्राप्त करने के लिए चुने जाने वाले रास्ते को भी महत्त्वपूर्ण माना। उनका कहना था कि हमारे विचार के मूल में सकारात्मकता होनी चाहिए। परिणाम चाहे जो भी निकले, यदि ईश्वर हमारे पक्ष में परिणाम नहीं देना चाहता तो इसमें भी हमारी कुछ भलाई ही होगी। परिणाम को अपने पक्ष में करने के लिए, वह योजनाबद्ध तरीक़े से पूरी शक्ति के साथ कार्य करते थे, साथ ही साथ इस बात के लिए भी तैयार रहते थे कि असफल होने पर वह निराश नहीं होंगे और उस असफलता में भी कुछ सकारात्मक ढूंढ़ने की कोशिश करेंगे। इसलिए उन्होंने कहा है– *"मैंने अपने अनुभवों में बहुत बार यह देखा है कि हमने चाहा कुछ और हुआ कुछ और ही। पर साथ-साथ मैंने यह भी अनुभव किया है कि जहां सत्य की ही साधना और उपासना हो, वहां हमारा सोचा-चाहा हुआ परिणाम भले*

6. माई एक्सपेरिमेंट विद ट्रूथ, पृ. 267

ही न हो, पर जो अनसोचा परिणाम होता है, वह भी अनिष्ट नहीं होता और कितनी ही बार तो सोचे हुए परिणाम से अधिक अच्छा होता है।"[7]

गांधी जी ने हमेशा, नूतन के साथ पुरातन के संयोग पर बल दिया। कुछ लोगों का कहना था कि वे आधुनिकता के विरोधी हैं, लेकिन ऐसा नहीं था, उन्होंने हमेशा आधुनिकता के नाम पर फैलने वाली बुराइयों का ही विरोध किया। एक बार एक व्यक्ति ने उनसे पूछा था कि नेहरू जी में और आप में क्या अन्तर है? उत्तर में उन्होंने कहा था कि नेहरू अंग्रेज़ों का विरोधी है और अंग्रेज़ियत का समर्थक है, इसके विपरीत मैं अंग्रेज़ों का समर्थक हूं और अंग्रेज़ियत का विरोधी हूं। यह गांधी जी की दृष्टि की सकारात्मकता ही थी कि उन्होंने समाज को लाभ पहुंचाने वाली हर नयी वैज्ञानिक खोज का स्वागत किया। उन्होंने कहा था कि मैं ऐसी हर नई वैज्ञानिक खोज का स्वागत करता हूं जो सभी को लाभ पहुंचाती है। उस समय शिक्षा के क्षेत्र में होने वाले नवीन प्रयोगों के संदर्भ में गांधीजी ने कहा था—*"नयी तालीम अगर सचमुच नयी होगी, तो उसका नतीज़ा यह होना चाहिए कि हमारे अन्दर जो मायूसी है, उसकी जगह उम्मीद होगी, कंगालियत की जगह रोटी का सामान तैयार होगा, बेक़ारी की जगह धंधा होगा, झगड़ों की जगह एका होगा और हमारे लड़के-लड़कियां लिखना-पढ़ना जानेंगे और साथ-साथ हुनर भी जानेंगे, क्योंकि उसी के ज़रिए वे अक्षरज्ञान हासिल करेंगे।"*[8]

तीन आदमी ईंटों की चुनाई कर रहे थे। एक राहगीर ने उनसे पूछा कि वे क्या कर रहे हैं? पहले आदमी ने कहा, "क्या तुम देखते नहीं कि मैं रोज़ी कमा रहा हूं?" दूसरे ने कहा, "क्या तुम देखते नहीं कि मैं ईंटों की चुनाई कर रहा हूं?" तीसरे ने कहा, "मैं एक ख़ूबसूरत इमारत बना रहा हूं।" तीनों आदमी एक ही काम कर रहे थे, मगर उनके जवाब अलग-अलग थे। अब सवाल यह उठता है कि क्या उनके नज़रिए अलग-अलग थे? और क्या उनके नज़रिए उनके काम पर असर डालेंगे? जवाब बिल्कुल साफ़ है—हाँ। यदि एक 'मैनेजमेंट' कर्मी का नज़रिया सकारात्मक नहीं है तो वह जो भी कार्य करेगा उनका परिणाम भी सकारात्मक

---

7. माई एक्सपेरिमेंट विद ट्रूथ, पृ. 287
8. सम्पूर्ण गांधी वाङ्मय (खण्ड 67), पृ. 489

नहीं हो सकता। क्योंकि उसे अपने कार्यों को सम्पन्न करने के लिए अन्य सहयोगियों को भी साथ रखना होगा और नज़रिया सबको प्रभावित करता है।

पाखंड का विरोध

गांधीजी ने हमेशा पाखंड और पुरातन पंथ का विरोध किया। वह ईश्वर में भरपूर आस्था रखते थे, लेकिन पांखड की ऐसी प्रथाओं, जिनसे उनकी सहमति नहीं थी या जो समाज को दिगभ्रमित करने का प्रयास करती थीं, उनका खुलकर विरोध भी करते थे। वह हिन्दू धर्म की उन मान्यताओं से सहमत थे, जो हमारी मनुष्यता को बढ़ाने का कार्य करती हैं, लेकिन अस्पृश्यता और समाज में फैली हुई पर्दा-प्रथा आदि का खुलकर विरोध करते थे। उन्होंने यह भी स्पष्ट किया कि मेरा आशय यह नहीं है कि हम धर्माचरण करना छोड़ दें, मेरा आशय है कि हम अपनी बुराइयों को समाप्त करके एक आदर्श चरित्र की स्थापना पर बल दें। गांधी जी ने कहा भी है–*"मुझे पर्दा-प्रथा में कभी विश्वास नहीं रहा। मैं मानता हूं कि यह प्रथा तेजी से समाप्त हो रही है और जो लड़कियां यह साहस कर सकती हैं कि पर्दे को फाड़कर फेंक दें और अपने पड़ोसियों को दिखा दें कि उन्हें किसी प्रकार की हानि नहीं उठानी पड़ी है, वे लड़कियां पर्दे की प्रथा से संबंधित पूर्वाग्रह या भय को दूर करने के पक्ष में सबसे समर्थ सिद्ध होंगी। पर्दा फाड़कर फेंक देने का यह अर्थ नहीं है कि लड़कियां कहीं भी या सभी जगह घूम-फिर या आ-जा सकती हैं। मैं तो अन्य लोगों के सामने मुखड़ा छिपाने की रीति की बात करता हूं, जिसे मैं लड़कियों के आत्मविकास या आत्माभिव्यक्ति के लिए अत्यन्त हानिकारक मानता हूं। सबसे अच्छी सुरक्षा और सबसे सुन्दर पर्दा, लड़की की अपनी शालीनता है।"*[9]

उपरोक्त उदाहरण से स्पष्ट है कि एक 'मैनेजमेंट' कर्मी को अपने दृष्टिकोण को व्यापक बनाना चाहिए। उसमें इतनी शक्ति होनी चाहिए कि वह उन बातों का खुलकर विरोध कर सके, जो बातें हमें जड़ता की ओर ले जाती हैं।

सबके कल्याण पर बल

गांधी जी की आर्थिक सोच के मूल बिन्दु नैतिक और मानवीय नीतियों से जुड़े हुए थे। उनका मानना था कि हमें ऐसी आर्थिक नीतियां बनानी चाहिये जो

9. सम्पूर्ण गांधी वाङ्मय (खण्ड 56), पृ. 127-28

मनुष्य के गुणों और क्षमताओं का विकास कर सकें। हमें ऐसी नीतियां नहीं बनानी चाहिये, जो केवल कुछ लोगों के आर्थिक हितों को लाभ पहुंचायें और अधिक लोगों का नुक़सान करें।

गांधी जी ने हमेशा सबके कल्याण पर बल दिया। उन्होंने कभी भी समाज को वर्गगत ईकाइयों में बांटकर देखने की कोशिश नहीं की । उनका कहना था कि जो भी लोग इस देश के रहने वाले हैं, वो चाहे किसी भी जाति, धर्म या वर्ण के क्यों न हों, सबसे पहले भारतीय हैं और परस्पर भाई हैं। उनका कहना था कि हिन्दू, मुसलमान, पारसी, सिख, ईसाई आदि सभी इस देश के रहने वाले हैं। उनके मंदिर, मस्ज़िद, गुरुद्वारे अलग-अलग हो सकते हैं, परन्तु भारत रूपी जो बड़ा मंदिर है, वह सबका है। सब मज़हबों के लोग एक ही ईश्वर की प्रार्थना करते हैं। उनके यह विचार समाज के प्रति उनके सकारात्मक दृष्टिकोण को प्रकट करते हैं। एक सफल 'मैनेजमेंट' कर्मी को इस बात का ध्यान रखना चाहिए कि वह अपने कार्यक्षेत्र में कार्य करने वाले सभी व्यक्तियों को समान दृष्टि से देखें, क्योंकि यदि आपके साथ, सबका सहयोग रहेगा तो लक्ष्य प्राप्ति में आसानी हो जायेगी।

हर काम है महत्त्वपूर्ण

जिस समय जो भी काम कर रहे हों, उसे पूरे मनोयोग व समर्पित भाव से करें। ईमानदारी और मेहनत से किया गया छोटे से छोटा काम भी बेईमानी व दलाली से किए गए, बड़े काम से भी बड़ा होता है। बड़प्पन बड़े काम से नहीं आता, बल्कि छोटे-बड़े हर काम के सामंजस्य से आता है।

याद रखिए, जब आप अपने अहम् को त्याग कर, अपने हाथ से हर काम करते हैं, तो साथ वालों पर भी एक स्थायी प्रभाव छोड़ते हैं। अपने विचार को उपदेश के बजाय आचरण में अपनाकर वस्तुतः आप खुद का ही भला कर रहे होते हैं। आपकी आत्मा आडंबर व दिखावे के भाव से मुक्त होकर उन्मुक्त मन से आपका साथ देती है। जब आप किसी भी कार्य के लिए मानसिक स्तर पर सहमति रखते हैं तो उसके परिणाम भी सौ प्रतिशत ठीक ही आते हैं। इसलिए एक 'मैनेजमेंट' कर्मी को इस बात का ध्यान रखना चाहिए कि वह जो भी कार्य करे, उसे महत्त्वपूर्ण मानते हुए अपनी सौ प्रतिशत क्षमताओं के साथ करने की कोशिश करे।

सुधार के प्रति समर्पण

सुधार के प्रति समर्पण ही आपकी आत्मा को शुद्ध करता है। कुरीतियों की बेड़ी से जकड़ी व्यवस्थाओं को तोड़कर आप न केवल वर्तमान, बल्कि आगे आने वाली कई पीढ़ियों को फ़ायदा पहुंचाते हैं। याद रखिए, बुराई को जड़ से ख़त्म करने के लिए किसी-न-किसी एक को आगे आना ही होगा। फिर यह एक आप क्यों नहीं बनते? एक बार कोशिश करके तो देखिए, फिर देखेंगे कि कितने लोग आपके साथ खड़े होकर आपका मनोबल बढ़ाते हैं। यही है सुधारवाद का सिद्धांत। एक कुशल 'मैनेजमेंट' कर्मी को हमेशा सुधार की तरफ़ अग्रसर होना चाहिए।

केवल बड़ा न सोचें, अच्छा सोचें

हमें अपना सकारात्मक दृष्टिकोण विकसित करने में गांधी जी की नीतियों और उनके विचारों से व्यापक मात्रा में रोशनी और जीवन दृष्टि मिलती है। उनका मानना था कि सकारात्मकता, श्रेष्ठ विचारों और सही दिशा में कार्य करने से विकसित होती है। इस संदर्भ में उनके प्रमुख विचार इस प्रकार हैं–

- सच्चा कार्य कभी निकम्मा नहीं होता, सच्चा वचन अन्त में कभी अप्रिय नहीं होता।
- आदमी अपना दुःख हंसकर भूल जाता है। रोकर बढ़ाता है।
- तेरा रिश्तेदार हो तो भी उनके दोष छिपाने की कोशिश न कर।
- जो जीवन के सुर में चलता है, उसे कभी थकान नहीं होगी।
- प्रतिज्ञा हमेशा किसी सत्कार्य के लिए ही की जाती है।
- मनुष्य के भीतर ही गंगा पड़ी है। उसमें स्नान नहीं कर पाता और कोरा रहता है।
- जगत में सब एक-दूसरे से मित्रभाव से रहें, जिससे उसका रूप ही बदल जाये।
- अगर एक आदमी भी सम्पूर्ण हो सकता है तो सब हो सकते हैं, ऐसा मानना ही न्याय है।
- हम बड़ी बातों को न सोचें, अच्छी सोचें।

❑❑

8

वचनों के प्रति निष्ठा

खाद्याखाद्य का निर्णय मेरे लिए केवल शास्त्रों के श्लोकों पर आश्रित नहीं है, बल्कि मेरे जीवन के साथ स्वतंत्र रीति से निर्मित हुआ है। चाहे जो खाकर और चाहें जिस इलाज़ से जीने का मुझे तनिक भी लोभ नहीं है। जिस धर्म का आचरण मैंने अपने पुत्रों के लिए, स्त्री के लिए और स्नेहियों के लिए किया, उस धर्म का त्याग मैं अपने विषय में कैसे कर सकता हूं!

–माई एक्सपेरिमेंट विद ट्रूथ, पृ. 414

वचनों के प्रति निष्ठा

गांधी जी की सबसे बड़ी ताक़त उनके वचनों में निहित थी। उन्होंने जैसा कहा, उसे वैसा ही करने का प्रयास भी किया। उन्होंने कहा कि हमें सच बोलना चाहिए, तो उन्होंने उसे बोलकर और अपने जीवन में उतार कर भी दिखाया। उन्होंने जिस अहिंसा और सत्याग्रह के प्रति समर्पण का भाव प्रस्तुत किया, उसे पूरी तरह से अपने व्यक्तित्व का अंग भी बना लिया। भारत की जनता और यहां के कण-कण में एक विशेष बात है, इस धरती ने हमेशा, पाने वाले को कम और छोड़ने वाले को अधिक महत्त्व दिया है। आज भी यदि कोई व्यक्ति अपने कार्यों से यह स्पष्ट कर दे कि उसकी कथनी और करनी में कोई भी अन्तर नहीं है, तो पूरा देश उसके पीछे चलने के लिए तैयार हो सकता है। गांधीजी ने देश की इस भावना को केवल पहचाना ही नहीं, बल्कि उन्होंने एक आदर्श उदाहरण प्रस्तुत करके दिखाया। उन्होंने कहा कि जिन लोगों को आप अस्पृश्य समझते हैं, वे सब भी तो ईश्वर की संतान है। हमें उनके साथ भेद-भाव नहीं करना चाहिए। उन्होंने इस बात को अपने आचरण के द्वारा सिद्ध भी किया।

एक सफल 'मैनेजमेंट' कर्मी के लिए यह बहुत आवश्यक है कि वह दूसरों का विश्वास प्राप्त करे। उसे अपने वचनों को बहुत सोच-समझकर प्रयोग करना चाहिए। उसे कोशिश करनी चाहिए कि वह जो कह रहा है, उसका उसे पूर्ण रूप से पालन भी करना है। इस संदर्भ में स्वयं गांधी जी ने कहा है–*"मन में बुरे विचार आने से ही नहीं, बल्कि असंगत, अव्यवस्थित और अवांछित विचार आने से भी इस जीवनी शक्ति का न केवल सतत क्षय होता रहता है, बल्कि*

इस रीति से क्षय होता रहता है कि हमें उसका पता भी नहीं चलता और चूंकि विचार सारे वचनों और कार्यों का प्रेरणा-स्रोत है, इसलिए जैसा विचार होगा, वैसा ही वचन और कार्य भी होगा। इसलिए पूर्ण मनोनिग्रहपूर्वक किया गया विचार, अपने-आपमें अधिक-से-अधिक समर्थ शक्ति है और यह भी हो सकता है कि बिना किसी बाहरी साधन-उपक्रम के यह विचार ही वांछित कार्य भी करने लग जाए।"[1]

गांधीजी के जीवन की ऐसी अनेक प्रेरणादायी घटनाएं हैं जिनसे यह पता चलता है कि उन्होंने जैसा कहा उसे वैसा ही किया भी। उन्होंने कहा कि सत्य के रूप में हमारे पास एक ऐसी शक्ति है, जिसका प्रयोग करके हम अपने जीवन को नयी ऊंचाइयों की तरफ़ ले जा सकते हैं। सत्य के विषय में उन्होंने कहा– *"सत्य एक विशाल वृक्ष है। उसे ज्यों-ज्यों सेया जाय त्यों-त्यों उसमें अनेक फल आते दिखाई देते हैं। उसका अंत ही नहीं होता।"*[2]

अहिंसा के सम्बन्ध में विचार

गांधीजी ने अहिंसा के सम्बन्ध में दूसरे लोगों से जो कहा, उन्होंने उसे अपने जीवन में भी वैसे ही उतारा। आज भी यदि पूरा विश्व, अहिंसा के सम्बन्ध में प्रतिपादित किये गए, गांधीजी के विचारों को समझ लें तो अनेक स्थानों पर रक्तपात बंद हो सकता है। आज भी आतंकवादी, जब कहीं कोई विस्फोट करते हैं और बेक़सूर लोग मारे जाते हैं तो हमें गांधी याद आते हैं। ज़रा सोच कर देखें कि एक ने दूसरे को मार दिया। दूसरे ने पहले पर हमला कर दिया। पहले वाले ने फिर मौक़ा पाकर दूसरे के कुछ अन्य परिचितों को मार डाला। यदि पूरी दुनिया में ऐसा ही होने लगे तो धीरे-धीरे ये दुनिया एक ऐसे आग के गोले में तब्दील हो जायेगी, जिस पर सिर्फ़ रक्त की नदियां बहेंगी। इसलिए हमें आपस के मतभेद भुलाकर परस्पर प्रेम और सहयोग के वातावरण में जीना चाहिए। यह बात सुनने में सरल है, लेकिन इस पर अमल किया जाना वास्तव में बहुत

---

1. सम्पूर्ण गांधी वाङ्मय (खण्ड 67), पृ. 220
2. माई एक्सपेरिमेंट विद ट्रूथ, पृ. 211

ही कठिन है। इस सम्बन्ध में गांधी जी ने कहा था—*"अहिंसा का मार्ग कठिन तो है, लेकिन उसका परिणाम स्थायी और दोनों के लिए ही शुभ होता है। मार का बदला मार से लेना तो चलता ही आया है। किन्तु उससे जगत में न सुख बढ़ा है, न अन्याय और जुल्म ही दूर हुआ है। उसे मिटाने की कुंजी तो अहिंसा ही है—ऐसा मेरा अनुभव है।"*[3]

गांधी जी ने हमेशा अपने देश की धरती को अपने प्राणों से भी बढ़कर प्रेम किया। उन्होंने केवल अपने वचनों से ही नहीं, बल्कि अनेक बार अपने कार्यों से भी ऐसे उदाहरण प्रस्तुत किये जो इस बात को प्रमाणित करते हैं। वह जैसा सोचते थे, वैसा ही करते भी थे। देश के विभाजन के समय उन्होंने उस विभाजन को रुकवाने के लिए भरसक प्रयास किये। जब नोआखाली में साम्प्रदायिक दंगे हुए तो वह नंगे पैर ही यात्रा पर निकल पड़े। उन्होंने हमेशा कहा—*"मुझे अपने शरीर से अधिक अपना देश प्यारा है।"*[4]

गांधी जी इस बात को भली-भांति समझ गये थे कि किसी भी व्यक्ति को उन्नति करने के लिए अपने भीतर विभिन्न चारित्रिक गुणों का विकास करना पड़ेगा। उसे अपनी कथनी और करनी के अन्तर को मिटाना होगा। उसे अपने वचनों के प्रति जागृत और सचेत होना पड़ेगा। उनका मानना था कि यदि कोई व्यक्ति ऐसा करता है तो उसकी सारी समस्याएं अपने आप समाप्त होनी शुरू हो जायेंगी, इसलिए उन्होंने कहा—*"अपनी पूंजी और धरोहर अन्तोगत्वा पैसा नहीं है, बल्कि अपना धैर्य, आस्था, सत्य और कुशलता है।"*[5]

किसी व्यक्ति को एक सफल 'मैनेजमेंट' गुरु बनने के लिए यह आवश्यक है कि वह उपरोक्त गुणों का विकास अपने व्यक्तित्व में करे। यदि वह अपने भीतर इन ख़ूबियों को विकसित कर लेगा, तो सफलता स्वयं आकर उसके चरण चूमेगी और उसे उन सब उद्देश्यों की प्राप्ति हो जायेगी, जिनका निर्धारण उसने अपने उद्योग या फर्म के लिए किया होगा।

---

3. सम्पूर्ण गांधी वाङ्मय (खण्ड 65), पृ. 394
4. सम्पूर्ण गांधी वाङ्मय (खण्ड 6), पृ. 462
5. सम्पूर्ण गांधी वाङ्मय (खण्ड 6), पृ. 321

सत्य के प्रति समर्पण

दक्षिण अफ्रीका में 'जोहान्सबर्ग' की अदालत में वकालत करते हुए गांधी जी ने नियम बना लिया था कि वह झूठे मुकदमे नहीं लेंगे। यह बात सभी लोगों को मालूम थी, इसलिए लोग उनके पास झूठे मुकदमें लेकर आते भी नहीं थे। एक बार जब गांधी जी एक मुकदमे की पैरवी कर रहे थे। अदालत में पैरवी करते हुए ही उन्हें पता चला कि वह जिसकी पैरवी कर रहे हैं, उस युवक ने उनसे झूठ बोला है। गांधी जी ने मजिस्ट्रेट से तुरन्त कहा कि मुक़दमा खारिज़ कर दिया जाए। गांधी जी की इस बात से विरोधी वकील को बड़ा आश्चर्य हुआ, लेकिन मजिस्ट्रेट बहुत ख़ुश हुआ। इस सत्य पालन से गांधी जी की प्रतिष्ठा और बढ़ गई।

गांधीजी का मानना था कि हमें हर क़ीमत पर अपने वचनों की रक्षा करनी चाहिए। चाहे इसके लिए हमें कितनी भी बड़ी क़ीमत चुकानी पड़े। वह कहते थे कि सत्य का परिणाम अन्तोगत्वा सुखद ही होता है। स्वयं के वचनों के प्रति समर्पण को लेकर उन्होंने कहा है–

- एक वचन भी सत्य है तो काफी है। असत्य वचन कितने भी हों निकम्मे हैं।
- मनुष्य जितना बोल कर बिगाड़ता है, उतना ख़ामोशी से कभी नहीं।
- सच के जैसा कोई सुख नहीं, झूठ के जैसा कोई दुःख नहीं।
- जब तक शरीर, मन और आत्मा के बीच में मेल नहीं होता है, कुछ भी काम सीधा नहीं बनता है।

❑❑

9

क्षमताओं का निरन्तर विकास

"सत्याग्रह शुद्ध अन्त तब माना जाता है जब आरम्भ की अपेक्षा अन्त में जनता में अधिक तेज़ और शक्ति दिखाई दे।"

–माई एक्सपेरिमेंट विद ट्रूथ, पृ. 404

क्षमताओं का निरन्तर विकास

अज्ञानी होना उतने शर्म की बात नहीं है, जितनी कि किसी काम को सही ढंग से सीखने की इच्छा न होना।*

किसी भी सफल 'मैनेजमेंट' कर्मी के लिए यह आवश्यक है कि वह अपनी क्षमताओं का निरन्तर विकास करे, क्योंकि ऐसा व्यक्ति कोई नहीं है, जिसमें प्रारम्भ में ख़ामियां नहीं होतीं, लेकिन जिसमें सीखने की प्रवृति होती है, उसकी ख़ामियां धीरे-धीरे कम होने लगती हैं। मुझे याद आता है कि एक बार एक व्याकरणाचार्य ने अपने दो शिष्यों से कहा कि तुम्हारा उच्चारण ठीक नहीं है। तुम दोनों 'श' के स्थान पर 'स' का प्रयोग करते हो। इसके अलावा तुम्हारे उच्चारण में और भी बहुत सारी खामियां हैं। उसने कहा कि मुझे लगता है कि तुम्हें इन्हें ठीक करने की कोशिश करनी चाहिए। एक शिष्य ने इस बात को गम्भीरता से लिया। उसने कहा मैं इसके लिए गंभीरतापूर्वक प्रयास करूंगा। आप मुझे बताइये कि मेरे उच्चारण में कहां-कहां और क्या-क्या दोष हैं। मैं इन्हें धीरे-धीरे ख़त्म करने की कोशिश करूंगा। दूसरे ने कहा कि मेरी बात तो दूसरों की समझ में आ ही जाती है। इन छोटी-मोटी बांतों से भला क्या फ़र्क़ पड़ता है? दोनों शिष्य जब छः महीने बाद अपने गुरु से मिले, तो उनमें से एक शिष्य के उच्चारण में अस्सी प्रतिशत सुधार हो चुका था और दूसरा छः महीने बाद भी वहीं खड़ा था, जहां वह छः महीने पहले खड़ा था।

आपको क्या लगता है? दोनों के बीच केवल एक अन्तर है। पहले वाला शिष्य अपनी क्षमताओं में विकास करना चाहता था। अपनी ग़लतियों में सुधार

---

* बेंजामिन फ्रैंकलिन एक मशहूर चितंक का नाम है।

करना चाहता था। दूसरे की ऐसा करने की कोई भी इच्छा नहीं थी। परिणाम यह हुआ कि पहले की ख़ामियां ख़त्म होती चली गईं और दूसरे में कोई सुधार नहीं हुआ। यदि हम अपनी ज़िन्दगी में, चाहे वह उद्योग का क्षेत्र हो, या सेवा का, विकास करना चाहते हैं तो हमें अपनी क्षमताओं में निरंतर विकास करना ही होगा।

गांधी जी ने अपनी क्षमताओं का निरन्तर विकास किया। जब आप उनके बचपन को देखेंगे तो आपको लगेगा कि उनमें बचपन से ही लगातार नया सीखने की प्रवृत्ति थी। उन्होंने किसी भी आवश्यक काम को कभी भी छोटा नहीं माना। जब उन्हें यह लगा कि यह कार्य होना चाहिए और कोई दूसरा उसे करने के लिए तैयार नहीं है तो उन्होंने उस कार्य को बिना किसी हिचक के स्वयं ही कर डाला। अपनी आत्मकथा में एक घटना का ज़िक्र करते हुए उन्होंने कहा है– *"प्रिटोरिया में, मैं एक बार एक अंग्रेज हज्जाम की दुकान पर पहुंचा। उसने मेरी हजामत बनाने से साफ़ इंकार किया और इंकार करते हुए जो अपमान किया वह अलग से रहा। मुझे दुःख हुआ। मैं बाजार पहुंचा और बाल काटने की कल (मशीन) ख़रीद ली। घर आकर शीशे के सामने खड़े होकर बाल कतरे। जैसे-तैसे बाल कट तो गये, पर पीछे के बाल काटने में बड़ी कठिनाई हुई। सीधे नहीं कटे। कचहरी में ख़ूब क़हक़हा लगा।"*[1]

एक सफल 'मैनेजमेंट' कर्मी के लिए यह आवश्यक है कि आवश्यकता पड़ने पर वह किसी भी कार्य को छोटा न माने बल्कि उसे अपनी लक्ष्य प्राप्ति के लिए जो कुछ भी करना है, उसे पूरी लगन के साथ करने की कोशिश करे।

आन्तरिक शक्तियों के विकास पर बल

गांधीजी का विश्वास था कि यदि हम अपनी क्षमताओं में विकास करना चाहते हैं तो हमें अपनी आन्तरिक शक्तियों में वृद्धि करनी होगी। इसके लिए हमें निरन्तर अनुभव अर्जित करके, उसे अपने अध्ययन के द्वारा परिपुष्ट करना होगा। उनका मानना था कि जब तक हम अपने भीतर, विभिन्न चारित्रिक गुणों

---

1. माई एक्सपेरिमेंट विद ट्रूथ, पृ. 206

का विकास नहीं करेंगे, तब तक हम सही रूप में प्रगति की तरफ़ नहीं बढ़ सकते। इसलिए उन्होंने कहा है–*"मनुष्य का मूल्य उसके रहन-सहन के तरीक़ों पर निर्भर है, उसके पद पर नहीं। इस रहन-सहन की परीक्षा उसके बाह्य जीवन से नहीं होती। वह तो अन्तर्वृत्ति को जानकर ही की जा सकती है।"*[2]

*ज़िंदगी एक दस गीयर वाली साइकिल की तरह है। हममें से ज़्यादातर लोगों के पास ऐसे गीयर हैं जिनका हम कभी इस्तेमाल नहीं करते।**

बहुत कम लोग ऐसे होते हैं जो अपनी ज़िंदगी में अपनी क्षमताओं में से बीस प्रतिशत का भी इस्तेमाल कर पाते हैं। अधिकांश व्यक्ति इस धरती पर ऐसे हैं, जो ईश्वर के द्वारा प्रदान की गई क्षमताओं का केवल दस से बारह प्रतिशत तक ही प्रयोग करते हैं, क्योंकि उनकी इच्छा न तो ज़िंदगी में आगे बढ़ने की है, और न ही कुछ नया सीखने की। गांधी जी ने जिस चीज़ को अपने जीवन में उतारा, उसे केवल कुछ क्षण के लिए ही नहीं, वरन पूरी ज़िंदगी के लिए आत्मसात् किया। जब तक हम किसी कार्य का बार-बार अभ्यास नहीं करते, तब तक हमारे भीतर परिपूर्णता पैदा नहीं होती। एक बार महान वायलिन वादक फ्रिट्ज क्रीसलर से पूछा गया, "आप वायलिन इतना सुंदर कैसे बजा लेते हैं? क्या आप ख़ुशक़िस्मत हैं?" उन्होंने जवाब दिया, "यह प्रैक्टिस की वजह से है; अगर मैं एक महीने तक प्रैक्टिस न करूं तो मेरे श्रोता फ़र्क़ समझ जाते हैं। अगर मैं एक सप्ताह तक प्रैक्टिस न करू तो मेरी पत्नी फ़र्क़ बता देती है। अगर मैं एक दिन भी प्रैक्टिस न करूं तो मैं ख़ुद ही फ़र्क़ बता सकता हूं।" गांधी जी ने अपने लिए जो भी नियम बनाए, चाहे वह उनकी प्रार्थना सभा के संदर्भ में थे या उनकी जीवन-शैली के संदर्भ में थे, उनका निरन्तर पालन किया। उनका मानना था कि मेरे द्वारा चलाया गया कोई भी आंदोलन, उसके प्रारम्भ को देखकर महत्त्वपूर्ण नहीं होता, बल्कि उसकी शक्ति इस बात में है कि जब उसका अन्त हुआ, उस समय उस विचार से कितने लोग सहमत थे। उन्होंने कहा है–*"सत्याग्रह का शुद्ध अन्त तब माना जाता है, जब आरम्भ की अपेक्षा अन्त में जनता में अधिक तेज़ और शक्ति दिखाई दे।"*[3]

---

2. सम्पूर्ण गांधी वाङ्मय (खण्ड 6), पृ. 360

* चार्ल्स शुल्ज़ एक विख्यात चिंतक का नाम है।

एक सफल 'मैनेजमेंट' कर्मी बनने के लिए यह आवश्यक है कि हम अपनी क्षमताओं का निरन्तर विकास करें। इसके लिए हमारे भीतर लगातार सीखने की प्रवृत्ति और जिन बातों को हम अपने जीवन में उतारना चाहते हैं, उनका लगातार अभ्यास किया जाना आवश्यक है। गांधी जी ने इस संदर्भ में आदर्श उदाहरण प्रस्तुत किए हैं। आइये इन बातों को हम अपने जीवन में आज से ही लागू करें।

- अपनी क्षमताओं का निरंतर विकास करें।
- अपनी ख़ामियों को स्वीकार करें और उनके समाधान का प्रयास करें।
- लक्ष्य प्राप्ति के लिए अपनी समस्त क्षमताओं का प्रयोग करें।

❑❑

3. माई एक्सपेरिमेंट विद ट्रूथ, पृ. 404

10

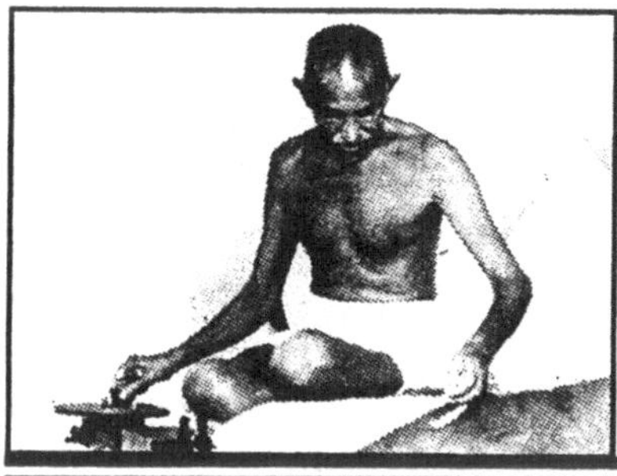

कार्यों को व्यवस्थित तरीक़े से करना

"बढ़िया काम करने का अहसास ही ख़ुद में एक पुरस्कार है। बहुत से काम ख़राब ढंग से करने के बजाए थोड़े काम अच्छे ढंग से करना बेहतर होता है।"

—महात्मा गांधी

कार्यों को व्यवस्थित तरीक़े से करना

"अपने को मैं यह प्रमाण पत्र निस्संकोच दे सकता हूं कि मेरी जीभ या क़लम से बिना विचारे या तौले शायद ही कोई शब्द निकलता हो। मुझे याद नहीं पड़ता कि अपने भाषण या लेख के किसी अंश के लिए मुझे कभी शर्माना या पछताना पड़ा हो, उल्टा अनेक ख़तरों से बचा हूं, और जो बहुत-सा समय बचा वह लाभ घलुए में हुआ।"[1]

इन विचारों को अपनी आत्मकथा में लिखने वाले गांधी जी के पास अपने कार्यों को व्यवस्थित तरीक़े से करने की जो कला थी, वह उन्हें बीसवीं सदी के एक कुशल राजनेता और चिन्तक ही नहीं, अपितु एक कुशल प्रबन्धक के रूप में मान्यता दिलवाती है। व्यापार के क्षेत्र में आज भी प्रत्येक कर्मचारी अपने संगठन के उद्देश्य के साथ जुड़ा रहता है। अपने संगठन को अपेक्षित सफलता प्रदान करने के लिए उसे अपनी वाणी और अपने विचारों पर अंकुश रखना पड़ेगा। गांधी जी ने अपनी नीतियों और अपनी योजनाओं के द्वारा यह साबित किया कि हम किस प्रकार अपने कार्यों को व्यवस्थित करके अपने उद्देश्यों को प्राप्त कर सकते हैं। उपलब्ध संसाधनों का प्रयोग करते हुए, अपने उद्देश्यों को प्राप्त करना ही कुशल प्रबंधन भी है। गांधी जी ने अपनी कार्य-शैली के द्वारा इस क्षेत्र में आदर्श प्रस्तुत किया। इसलिए वह प्रबन्धन के भी कुशल विशेषज्ञ हैं।

अनुशासन पर बल

अपने कार्यों को व्यवस्थित रूप से करने के लिए गांधी जी ने हमेशा ही अनुशासन पर बल दिया। उनका मानना था कि अनुशासन का पालन किये

---

1. माई एक्सपेरिमेंट विद ट्रूथ, पृ. 70

बिना, हम व्यवस्थित रूप में अपने उद्देश्यों की प्राप्ति नहीं कर सकते। उन्होंने जीवन की सफलता के लिए अनुशासन को एक आवश्यक अंग के रूप में स्वीकार किया। इस संदर्भ में उन्होंने कहा है– *"शिक्षक तो विद्यार्थियों को वही रास्ता बता सकते हैं, जिस रास्ते को वे या राज्य सबसे अच्छा समझते हों। ऐसा करने के बाद उन्हें अपने विद्यार्थियों के विचारों और भावनाओं को दबाने का कोई अधिकार नहीं है। इसका अर्थ यह नहीं कि विद्यार्थियों पर किसी प्रकार का अनुशासन नहीं होना चाहिए। अनुशासन के बिना कोई स्कूल चल ही नहीं सकता। किन्तु मैं विद्यार्थियों के सर्वांगीण विकास पर लगाए गए कृत्रिम अंकुश को अनुशासन नहीं कहता।"*[2]

आज किसी भी क्षेत्र में कार्य करने वाले 'मैनेजमेंट' कर्मी के लिए यह बहुत ही आवश्यक है कि वह अपने कार्यों को एक व्यवस्थित रूप देकर सम्पन्न करे। क्योंकि ऐसा करने से उसकी क्षमताओं में तो विकास होता ही है, साथ ही साथ प्राप्त होने वाले परिणाम भी अधिक सकारात्मक और प्रभावशाली होते हैं।

अपनी बुद्धि को और तेज़ करें

जॉन नाम का एक लकड़हारा पांच साल से एक कंपनी के लिए काम कर रहा था। इन सालों में उसकी तनख़्वाह एक बार भी नहीं बढ़ी थी। उधर एक बार लकड़हारे बिल की एक साल के अंदर ही तरक़्क़ी हो गई। यह बात सुनकर जॉन को बहुत बुरा लगा और बात करने के लिए वह अपने मालिक के पास जा पहुंचा। मालिक ने जवाब दिया, "तुम आज भी उतने ही पेड़ काट रहे हो, जितने आज से पांच साल पहले काटा करते थे। हम अपनी कंपनी में अच्छे-से-अच्छा काम चाहते हैं। अगर तुम्हारी उत्पादन क्षमता भी बढ़ जाए तो हमें तुम्हारी तनख़्वाह बढ़ाने में भी खुशी होगी।" जॉन वापस चला गया और पेड़ों की कटाई करने में ख़ूब मेहनत से देर तक जुटा रहता। इसके बावज़ूद भी

---

2. सम्पूर्ण गांधी वाङ्मय (खण्ड 66), पृ. 157

वह ज़्यादा पेड़ नहीं काट पाया। निराश होकर एक दिन उसने अपनी परेशानी मालिक को बताई। मालिक ने जॉन को बिल के पास जाने की सलाह दी और कहा, "हो सकता है, उसे कुछ मालूम हो जो हमें और तुम्हें मालूम न हो।" जॉन ने बिल से पूछा कि वह ज़्यादा पेड़ कैसे काट पाता है। बिल ने बताया कि "हर पेड़ को काटने के बाद मैं दो-तीन मिनट के लिए रुकता हूं और अपनी कुल्हाड़ी की धार तेज़ करता हूं। तुम बताओ कि तुमने आख़िरी बार अपनी कुल्हाड़ी की धार कब तेज़ की थी?" बिल के इसी सवाल ने जॉन की आंखें खोल दीं और उसको अपना जवाब मिल गया।

उपरोक्त कथा बताती है जब तक हम अपने आपको किसी कार्य को करने के लिए पूरी तरह से तैयार नहीं कर लेते, तब तक हमें उस विषय में वांछित सफलता की प्राप्ति नहीं हो सकती। गांधी जी ने अपनी क्षमताओं का एक व्यवस्थित रूप में प्रयोग करके यह सिद्ध किया कि यदि व्यक्ति चाहे तो एक साथ बहुत सारे कार्यों को करने की क्षमतायें विकसित कर सकता है। उन्होंने कभी भी किसी भी कार्य को छोटा नहीं माना। उनका मानना था कि हम जो भी करें उसे परिपूर्णता के साथ करने की कोशिश करनी चाहिए। क्योंकि कार्य महत्त्वपूर्ण नहीं है, परिपूर्णता महत्त्वपूर्ण है। इसलिए उन्होंने कहा–"*बढ़िया काम करने का अहसास ही खुद में एक पुरस्कार है। बहुत से काम ख़राब ढंग से करने के बजाए थोड़े काम अच्छे ढंग से करना बेहतर होता है।*" *आइये, गांधीजी की नीतियों से प्रेरणा लेकर कुछ बातों को अपने जीवन में आज से ही लागू करें–*

- *जिस कार्य को भी करें, उसे योजनाबद्ध तरीके से पूरा करें।*
- *किसी कार्य का केवल किया जाना ही महत्त्वपूर्ण नहीं है बल्कि उसे व्यवस्थित तरीक़े से किया जाना और भी महत्त्वपूर्ण है।*
- *अनुशासन का हर स्थिति में पालन करें।*

❑❑

11

दूसरों को प्रेरित करना

महात्मा गांधी सरल शादी के हिमायती थे। जमनालाल बजाज उनके लिए पुत्र के समान थे। मारवाड़ी समाज आम तौर पर धनाढ्य होता है तथा शादी-ब्याह के अवसर पर धनाढ्य खुलकर ख़र्च करता है, लेकिन जमनालाल बजाज ने गांधीजी की राय मानकर अपनी पुत्री कमला का विवाह गांधीजी द्वारा संचालित गुजरात विद्यापीठ के छात्र रामेश्वर नेवरिया के साथ बग़ैर किसी दिखावे या तड़क-भड़क के बहुत साधारण तरीक़े से किया।

—विजय जोशी

दूसरों को प्रेरित करना

महात्मा गांधी के विचारों में जितनी मौलिकता देखने को मिलती है, उतनी संसार के अन्य दार्शनिकों के विचारों में नहीं मिलती। गांधी-दर्शन का प्रयोग, गांधीजी ने पहले स्वयं पर किया, फिर उसे व्यावहारिक बनाया, गांधी-दर्शन में मानवता, प्रेम, सत्य, अहिंसा, कल्याण, समानता, आध्यात्मिकता आदि बिन्दुओं का समावेश हो जाने से, वह उस दौर में सर्वप्रिय बन गया।

गांधी जी के बारे में अपने विचार व्यक्त करते हुए आर्थिक मामलों के विशेषज्ञ अरिदंम चौधरी ने कहा है "गांधी और भगवान कृष्ण हमें प्रेरित करने वाले दो महत्त्वपूर्ण स्रोत हैं।" गांधी जी ने भारतीय जनमानस में जो जगह बना ली थी, उसकी स्वीकारोक्ति करते हुए लैरी कॉलिंस और दामिनीक लैपियर ने कहा है—*"गोबरी से लीपे हुए दालान में लेटा हुआ वह वृद्ध बेशक बहुत ही जीर्ण-शीर्ण छोटा-सा जीव लग रहा था। परंतु उसका यह बाहरी रूप एक भ्रम था। इस दुबले-पतले 77 वर्षीय वृद्ध का, जिसका चेहरा सिर पर रखी हुई गीली मिट्टी की थैली के नीचे से मुस्कुरा रहा था, ब्रिटिश साम्राज्य की नींव हिला देने में, जितना बड़ा हाथ था, उतना किसी दूसरे आदमी का नहीं था। यह वृद्ध व्यक्ति, एक नये युग का शुभारम्भ करने को तत्पर था, इसीलिए तो उसी की वजह से, जिसके राज्य में कभी सूर्य अस्त न होता था, उस ब्रिटेन के प्रधानमंत्री को आख़िरकार मजबूर होकर भारत को स्वतंत्रता देने का कोई रास्ता ढूंढ़ निकालने के लिए महारानी विक्टोरिया के एक पड़नाती को नयी दिल्ली भेजना पड़ा था। इस प्रकार यह वृद्ध कोई मामूली-सा जीव नहीं था, क्योंकि यह ब्रिटिश साम्राज्य का सूरज अस्त करने पर तुला हुआ था।"*[1]

---

1. फ्रीडम एट मिडनाईट, पृ. 33

आचार्य कृपलानी ने अपनी पुस्तक, 'गांधी मार्ग' के गुजराती संस्करण में लिखा था—गांधी जी महान सन्त इसलिए बन गये क्योंकि उन्होंने संसार के करोड़ों लोगों को अपने जीवन, आदर्श, सिद्धांतों और विचारों से प्रभावित किया था। गांधी जी ने कहा था, "मेरे समस्त दर्शन का उत्तर मेरी विचारधारा में है। आप इसे गांधीवाद नहीं कह सकते हैं।"

विचार बहुत तेजी के साथ विस्तार लेते हैं। गांधी जी के पास एक अद्भुत व्यक्तित्व था। जहां वह एक तरफ़ ब्रिटिश साम्राज्य के लिए परेशानी का कारण बन गये थे, वहीं दूसरी तरफ़ अनेक भारतीयों के लिए वह एक आदर्श और जीवन को दिशा देने वाले नेतृत्वकर्ता भी थे। देश की जनता के साथ एक ऐसा सम्बंध स्थापित हो गया था, जिसकी कल्पना कर पाना अत्यंत ही कठिन है। उनकी एक आवाज़ पर, उनके पीछे करोड़ों लोग एक साथ चलने के लिए तैयार हो गये थे। उनके एक इशारे पर करोड़ों लोग अपना सर्वस्व न्यौछावर करने को तैयार थे। उन्होंने अपने कुशल प्रबन्धन का परिचय देते हुए, उस समय जनता के साथ ही नहीं वरन प्रेस के साथ भी मधुर सम्बंध स्थापित किये।

एक कुशल प्रबंधक के लिए यह आवश्यक है कि वह अपनी क्षमताओं से दूसरों को केवल प्रभावित ही न करें बल्कि उन्हें अपने जैसे कार्य करने के लिए प्रेरित भी करें। गांधी जी के जीवन में ऐसी अनेक घटनाएं घटीं, जो इस बात का प्रमाण हैं कि उन्होंने अपने संपर्क में आने वाले कुछ व्यक्तियों को ही नहीं वरन अपने विचारों से पूरे विश्व के करोड़ों लोगों को एक साथ प्रभावित किया। उनके इस प्रभाव क्षेत्र में विंस्टन चर्चिल भी थे, लियो टॉलस्टाय भी, बर्नाड शॉ भी और बर्टेड रसैल भी। उनकी मृत्यु पर बर्टेड रसैल ने कहा था—"यदि जीसस क्राइस्ट और अब्राहिम लिंकन को मिला दिया जाए तो एक गांधी बनता है।" यह गांधी जी का प्रभाव क्षेत्र ही था, जिसका दायरा पूरे विश्व में फैल गया।

कुछ उल्लेखनीय घटनाएं

अपनी आत्मकथा में गांधीजी ने ऐसी अनेक घटनाओं का उल्लेख किया है, जिनसे उनकी दूसरों को प्रभावित करने की क्षमता का पता चलता है। जब

वह दक्षिण अफ्रीका में अपना आंदोलन संचालित कर रहे थे, उस समय उनके प्रभाव क्षेत्र में केवल भारतीय ही नहीं वरन अनेक गोरे भी आने लगे थे। इस सम्बंध में उन्होंने कहा है कि मेरे साथ कुछ ऐसे अंग्रेज़ साथी भी आकर खड़े हो गए, जिनके साथ मैं इंग्लैंड में अपना समय गुज़ार चुका था। उन्होंने अपनी आत्मकथा में उल्लेख किया है कि जब मैं उनके साथ इंग्लैंड में रहता था तो मेरा रहन-सहन उनके जैसा ही था। लेकिन जब वह मेरे साथ शामिल हुए तो स्थिति बदल चुकी थी। इस सम्बन्ध में उन्होंने लिखा है–*"तब मैं उनके रहन-सहन को अपना रहा था मेरा वहां रहना क़रीब-क़रीब होटल में रहने के बराबर था। यहां उससे उल्टा था। ये मित्र कुटुंबी-जन बन गये। उन्होंने बहुत अंशों में भारतीय रहन-सहन का अनुसरण किया। घर में बाहरी साज-सामान यद्यपि अंग्रेज़ ढब का था, फिर भी भीतर का रहन-सहन और खान-पान इत्यादि मुख्यतः हिंदुस्तानी था। मुझे उनके रखने में कुछ कठिनाइयां उपस्थित होने की याद है। फिर भी यह ज़रूर कह सकता हूं कि वे दोनों व्यक्ति घर के और आदमियों के साथ घुल-मिल गये थे।"*[2]

गांधी जी ने जब दक्षिण अफ्रीका में कर्मक्षेत्र में क़दम रखा तो उन्हें अन्य सहयोगियों की भी ज़रूरत पड़ी। उनका कार्यभार बढ़ता जा रहा था और उन्हें एक ऐसे कर्मी की तलाश थी, जो उनके साथ क्लर्क का कार्य भी कर सके और उनके अन्य बढ़ते हुए कार्यों के बोझ को भी संभाल सके। वहां उन्हें 'मिस डिक' नाम की एक ऐसी सहयोगी मिलीं, जिनके बारे में उन्होंने कहा है–*"इसने मेरे क्लर्क का नहीं, बल्कि मैं यह मानता हूं कि सगी बेटी का या बहन का पद तुरंत ही और अनायास ले लिया। मुझे उससे कभी कड़ी आवाज़ में कुछ कहना नहीं पड़ा। शायद ही उसके काम में ग़लती निकालनी पड़ी हो। हज़ारों पौंड का लेने-देन भी एक वक़्त उसके हाथों में था और बहीखाता भी वह रखने लगी थी। उसने तो मेरा विश्वास संपूर्ण रूप से प्राप्त कर ही लिया था, पर मैंने जो उसकी गुह्यतम भावनाओं को जानने योग्य विश्वास संपादन कर लिया, यह मेरे नज़दीक बड़ी बात थी। उसने अपना साथी चुनने में मेरी राय मांगी। कन्यादान*

2. माई एक्सपेरिमेंट विद ट्रूथ, पृ. 264

करने का सौभाग्य भी मुझे ही प्राप्त हुआ। मिस डिक जब मिसेज मैकडॉनल्ड हुई तब मुझसे तो पृथक होना ही चाहिए था, पर ब्याह के बाद भी काम की भीड़ होने पर, मैं जब चाहता उनसे मदद ले लिया करता था।"[3]

एक बार गांधी जी से किसी ने पूछा था कि आपके और नेहरू जी के विचारों में क्या अन्तर है? इस पर उन्होंने कहा था कि "नेहरू अंग्रेज़ों का विरोधी है और अंग्रेज़ियत से प्रेम करता है। इसके विपरीत मैं अंग्रेज़ों से प्रेम करता हूं और अंग्रेज़ियत का विरोधी हूं।" उनके इस वाक्य के पीछे उनका व्यापक जीवन अनुभव था। उन्होंने अपने जीवन के प्रारम्भिक वर्ष, चाहे वह इंग्लैंड में बिताए हों, या फिर दक्षिण अफ्रीका में, उनमें यह महसूस किया कि जाति कोई भी अच्छी या बुरी नहीं होती। व्यक्ति अच्छे और बुरे होते हैं। उन्होंने अपने जीवन में अनेक अंग्रेज़ों के साथ काम करते हुए, उनमें भी अनेक मानवीय गुणों को महसूस किया। वह अंग्रेज़ भी अनेक बार गांधी जी से प्रभावित हुंए बिना न रह सके। एक अन्य अंग्रेज़ युवती को उन्होंने अपने सब भारतीय और यूरोपियन साथियों में प्रधान स्थान दिया था। उस युवती का नाम 'मिस श्लेशिन' था। उसके संदर्भ में गांधी जी ने उसके एक साथी से कहा था—"इतना त्याग, इतनी पवित्रता, इतनी निर्भयता और इतनी कुशलता मैंने थोड़े मनुष्यों में ही देखी है। मेरी नज़र में मिस श्लेशिन तुम्हारे साथियों में प्रथम पद की अधिकारिणी हैं।"

एक अन्य अंग्रेज़, जिनका नाम वेस्ट था, वह भी गांधी जी की नीतियों से प्रभावित होकर, उनके साथ आकर खड़े हो गए थे। दक्षिण अफ्रीका में गांधी जी के द्वारा चलाये गए अनेक कार्यक्रमों में उन्होंने पूरे मन के साथ गांधी जी के कंधे-से-कंधा मिलाकर अपना सहयोग दिया। उनके बारे में गांधी जी ने कहा है—*"दक्षिण अफ्रीका छोड़ने तक वह मेरे सुख-दुःख के साथी रहे। मैंने श्री वेस्ट को सदा, विलायत के एक परगने के लाउथ नाम के गांव के एक कृषक कुटुंब में जन्मे हुए, स्कूल की साधारण शिक्षा पाये हुए, अपने श्रम से अनुभव की पाठशाला में शिक्षित और गढ़े हुए, संयमी, शुद्ध ईश्वर भीरू, हिम्मतवाले और परोपकारी अंग्रेज़ के रूप में जाना है।"*[3]

---

2. माई एक्सपेरिमेंट विद ट्रूथ, पृ. 266

गांधीजी ने अपनी नीतियों से केवल अंग्रेज़ों को ही नहीं वरन भारत के आम आदमी से लेकर, उस समय के तमाम बड़े राजनेताओं, समाजसेवियों और उद्योगपतियों को भी प्रभावित किया। उस समय के बड़े सेठ जमनादास बजाज और घनश्यामदास बिड़ला भी उनके प्रशंसकों में शामिल थे। गांधीजी ने साम्प्रदायिक दंगों के बाद, कलकत्ता से लौटकर दिल्ली के जिस भवन में, ठहरना स्वीकार किया था, उसके मालिक घनश्यामदास बिड़ला थे। इस संबंध में उनके प्रभाव क्षेत्र की स्वीकृति करते हुए लैरी कॉलिंस और दामिनीक लैपियर ने लिखा है–*"उस हवेली के स्वामी सेठ घनश्यामदास बिड़ला, भारत में उद्योगपतियों के दो सबसे बड़े परिवारों में से एक के प्रधान थे। वह धन-कुबेर थे, उनके व्यापार के साम्राज्य में कपड़े की मिलें, बीमा कंपनियां, बैंक, रबड़, जूट और बहुत-सी दूसरी चीज़ों के कारख़ाने शामिल थे। इस बात के बावज़ूद कि गांधीजी ने सबसे पहले उन्हीं की एक मिल में मजदूरों की हड़ताल करायी थी, वह गांधीजी से सबसे शुरू के शिष्यों में थे।"*[4]

जब आप समाज के सम्मुख एक आदर्श स्थापित करना शुरू कर देते हैं तो निश्चित रूप से उस समाज के अनेक लोग उसका अनुकरण भी करने लगते हैं। बेंजामिन फ्रैंकलिन ने कहा है, "जब आप दूसरों के लिए अच्छे बन जाते हैं तो खुद के लिए और भी बेहतर बन जाते हैं।"

एक दिन एक दस साल का बच्चा एक आइसक्रीम की दुकान पर गया और टेबल पर बैठकर एक वेटर से पूछा, "एक कोन आइसक्रीम कितने की है?" वेटर ने कहा, "पचहत्तर सेंट्स।" बच्चा हाथ में पकड़े सिक्कों को गिनने लगा, फिर उसने पूछा कि छोटी कप वाली आइसक्रीम कितने की है। वेटर ने बेसब्री से कहा, "पैंसठ सेंट्स।" लड़का बोला, "मुझे छोटा कप ही दे दो।" उसने आइसक्रीम ली, पैसे दिए और चला गया। जब वेटर ख़ाली प्लेट उठाने के लिए आया तो उसने जो कुछ देखा वह बात उसके मन को छू गई। वहां दस सेंट्स 'टिप' के रखे हुए थे। उस छोटे बच्चे ने उस वेटर का ख़याल किया। उसने संवेदनशीलता दिखाई थी। उसने खुद से पहले दूसरे के बारे में सोचा।

---

3. माई एक्सपेरिमेंट विद ट्रूथ, पृ. 278
4. फ्रीडम एट मिडनाइट, पृ.

यह संवेदनशीलता गांधीजी में भी भरपूर मात्रा में थी। गांधीजी ने अपने आपको बचपन से ही श्रेष्ठ साहित्य और मानवीय मूल्यों को स्थापित करने वाले नाटकों, कहानियों और अन्य विधाओं से जोड़कर रखा। उनकी पसन्द की एक कहानी का यहां उल्लेख कर रहा हूँ।

गांधी जी को प्रभावित करने वाली कथा

पैगंबर साहब के देहान्त के कुछ बरसों के बाद अरबों और रूमियों (रोमनों) के बीच महासंग्राम हुआ। उसमें दोनों पक्ष के हज़ारों योद्धा खेत रहे, बहुत से जख़्मी भी हुए। शाम होने पर आमतौर से लड़ाई बन्द हो जाती थी। एक दिन जब इस तरह लड़ाई बन्द हुई तो अरब सेना का एक अरब अपने चचेरे भाई को ढूंढ़ने निकला। उसने सोचा कि यदि उसकी लाश मिल जाये तो दफनाए और ज़िन्दा मिले तो सेवा करे। शायद वह पानी के लिए तड़प रहा हो, यह सोचकर उसने अपने साथ लोटाभर पानी भी ले लिया। तड़पते घायल सिपाहियों के बीच वह लालटेन लिये देखता जा रहा था। उसका भाई मिल गया और सचमुच ही उसे पानी की रट लग रही थी। जख़्मों से ख़ून बह रहा था। उसके बचने की आशा नहीं थी। भाई ने पानी का लोटा उसके पास रख दिया। इतने में किसी दूसरे घायल की 'पानी-पानी' की पुकार सुनाई दी। उस घायल दयालु सिपाही ने अपने भाई से कहा, "पहले उस घायल को पानी पिला आओ, फिर मुझे पिलाना।" जिस ओर से आवाज़ आ रही थी, उस ओर घायल सैनिक का भाई तेजी से क़दम बढ़ाकर पहुंचा।

यह जख़्मी बहुत बड़ा सरदार था। उक्त अरब उसको पानी पिलाने और सरदार पीने को ही था कि इतने में तीसरी दिशा से पानी की पुकार आई। यह सरदार भी पहले सिपाही के बराबर ही परोपकारी था। अतः बड़ी कठिनाई से कुछ बोलकर और कुछ इशारे से समझाया कि पहले जहां से पुकार आई है, वहां जाकर पानी पिला आओ। निःश्वास छोड़ते हुए वह अरब तेज़ी से दौड़कर जहां से आवाज़ आ रही थी वहां पहुंचा। इतने में उस घायल सिपाही ने आख़िरी सांस ले ली और आंखें मूंद लीं। उसे पानी न मिला। वह अरब वहां पहुंचा, जहां

जख़्मी सरदार पड़ा था, पर देखता है कि उसकी आंखें भी तब तक मुंद चुकी थीं। दुःख भरे हृदय से ख़ुदा की बंदगी करता हुआ, वह अपने भाई के पास पहुंचा तो उसकी नाड़ी भी बन्द पाई, उसके प्राण भी निकल चुके थे।

तीनों घायलों में से किसी ने भी पानी न पाया; पर पहले दो अपने नाम को अमर करके चले गये। इतिहास के पन्नों में ऐसे निर्मल त्याग के दृष्टांत तो बहुतेरे मिलते हैं। पर ऊपर जो अद्‌भुत दृष्टांत दिया गया है उसके देने का हेतु यह है कि उक्त वीर पुरुषों के जैसा त्याग हममें भी आये और जब हमारी परीक्षा का समय आये, तब हम दूसरे को पानी पिलाकर पियें, दूसरे को जिलाकर जियें और दूसरे को जिलाने में खुद मरना पड़े तो हंसते चेहरे से कूच कर जायें। इस कथा ने गांधी जी को समाज-सेवा के लिए प्रेरित किया।

बहुभाषी और बहुधर्मी समाज में आपसी प्रेम, सद्‌भाव व सहयोग अनिवार्य है। एक-दूसरे के धर्म की जानकारी एवं ज्ञान से जो समझ विकसित होती है, वही सुखदायी है। सीखने के प्रति दुराग्रह न रखकर हम स्वयं का ही भला करते हैं। अच्छी सीख से हमारा ज्ञान तो बढ़ता ही है, साथ ही दृष्टिकोण भी उदार होता है। दिल और दिमाग़ खुला रखने से बड़ा लाभ कोई नहीं है।

अपने दम पर रोक दी हिंसा

एक सफल 'मैनेजमेंट' गुरु के लिए यह आवश्यक है कि वह अपनी बात में ऐसी शक्ति पैदा करे कि वह जिन लोगों के संपर्क में है, वह सब उसके निर्देशों के अनुसार कार्य करने की कोशिश करें। गांधी जी ने अपनी जीवन-शैली की पारदर्शिता और अपने विचारों की विराटता की वजह से इस क्षमता को प्राप्त कर लिया था। जिस समय कोलकाता में साम्प्रदायिक दंगों की वजह से हिंसा भड़कने की पूरी आशंका थी। उस समय उन्होंने वहां जाकर लोगों के आक्रोश को जिस प्रकार संभालने की कोशिश की, वह उनकी प्रभावशीलता का एक अद्‌भुत उदाहरण है। उनकी प्रार्थना सभा में आने वाले लोगों की संख्या में धीरे-धीरे जो वृद्धि हुई, वह उस समय के समाज पर उनकी व्यापक प्रभावशीलता को प्रकट करती है। ज़ब एक तरफ़ पंजाब में लगातार आग भड़कती जा रही

थी, उस समय पर गांधी जी के व्यक्तिगत प्रयासों की वजह से लोगों ने कोलकाता में जो संयम दिखाया, उसका ज़िक्र करते हुए अपनी पुस्तक में दामिनिक लैपियर और लेरी कॉलिन्स ने कहा है—*"इस बार उनकी राह लगभग दस लाख लोग देख रहे थे। इस रक्तरंजित सप्ताह के दौरान जब पंजाब के सिर पर ख़ून सवार था, शाम को गांधी जी की प्रार्थना-सभा में आने वाले लोगों की संख्या दिन-व-दिन बढ़ती ही जा रही थी। इस आश्चर्यजनक ढंग से लगातार बढ़ती हुई उनकी इस संख्या ने इस निर्मोही महानगरी को अशांति और द्वेष के मरुस्थल के बीच शांति और भाई-चारे का एक सुखद हरा-भरा स्थल बना दिया था। संसार के सबसे हिंसक तथा शहर में रहने वाले लोगों ने प्रेम के उस दूत का संदेश सुना था और हिंसा तथा घृणा की अपनी सहज आकांक्षा पर काबू पा लिया था। कलकत्ता का चमत्कार अभी तक विराजमान था। जैसा कि न्यूयार्क टाइम्स ने लिखा, "यह शहर भारत में अनोखा है।""*[5]

कार्यों को व्यवस्थित तरीक़े से सम्पन्न करने के संदर्भ में गांधी जी ने निम्नलिखित महत्त्वपूर्ण बातें कही हैं—

- *छोटी-छोटी बातों में ही हमारे सिद्धान्तों की परीक्षा होती है।*
- *ज़िंदगी का एक भी क्षण ऐसा नहीं है, जिसमें आदमी सेवा नहीं कर सकता है।*
- *विचारशून्य जीवन, पशु जीवन जैसा है।* ❑❑

---

5. फ्रीडम एट मिडनाइट, पृ. 322·

12

लक्ष्य बनाना और हासिल करना

इस बार कलकत्ता का चमत्कार खरा और टिकाऊ था। पंजाब के विपदाग्रस्त मैदान में, सीमा प्रांत में, कराची में, लाहौर और दिल्ली में तो अभी हालत और बदतर होने वाली थी, लेकिन भयानक रातों के शहर कलकत्ता ने बूढ़े गाँधीजी को दिया गया अपना वचन निभाया। इसके बाद गांधीजी जब तक ज़िंदा रहे कलकत्ता की सड़कों पर सांप्रदायिक दंगों में रक़्त की एक बूंद भी नहीं गिरी। उनके पुराने मित्र राजगोपालाचारी ने कहा, "गांधी जी ने बहुत बड़े-बड़े कारनामे किए हैं, लेकिन कलकत्ता में उन्होंने बुराई और दुराचार पर जो विजय प्राप्त की है, उतना शानदार कारनामा कोई दूसरा नहीं है, स्वतंत्रता भी नहीं।"

–फ्रीडम एट मिडनाइट, पृ. 336

लक्ष्य बनाना और हासिल करना

"जीवन का लक्ष्य साधकर यदि हम उस ओर प्रवृत्त न रहेंगे तो बिना पतवार की नाव के समान बीच समुद्र में गोते खाएंगे। सबसे श्रेष्ठ लक्ष्य मनुष्यमात्र की सेवा करना और उसकी स्थिति सुधारने में हाथ बंटाना है। इसमें ईश्वर की सच्ची प्रार्थना, सच्ची पूजा का समावेश हो जाता है। जो मनुष्य ख़ुदा का काम करता है, वह ख़ुदाई पुरुष है!"[1]

गांधी जी ने हमेशा इस बात पर बल दिया कि हमें एक लक्ष्य निर्धारित करके उस तक पहुंचने के लिए भरपूर प्रयास करना चाहिए। बिना लक्ष्य निर्धारण के किया गया कोई भी कार्य बिना पतवार की नाव के समान है। एक बार लक्ष्य निर्धारित करने के बाद उसे प्राप्त करने के लिए आवश्यक साधन और संसाधनों को एकत्र करना और उनका सटीक ढंग से प्रयोग किया जाना भी आवश्यक है। हमें अपने लक्ष्य का निर्धारण करते समय अपनी शक्ति और सामर्थ्य की सही जानकारी करना भी आवश्यक है। यदि हमने स्थिति को समझने में भूल कर दी या फिर ऐसा लक्ष्य निर्धारित कर लिया, जहां तक पहुंचना सम्भव ही नहीं है तो निश्चित रूप से हमें हताशा का सामना करना पड़ेगा। इसके लिए हम जिस क्षेत्र में भी अपना लक्ष्य निर्धारित कर रहे हैं, उस क्षेत्र की सही स्थिति का ज्ञान होना बहुत ही आवश्यक है। गांधी जी ने जब भारत में अपना सार्वजनिक जीवन प्रारम्भ किया, उसी समय उन्होंने इस देश की आत्मा को पहचान लिया था। उन्हें आभास हो गया था कि भारतीय जन-मानस की प्रवृत्ति मूल रूप से हिंसक नहीं है। उन्हें ये भी आभास था कि अभी हम, अपने किसी भी आन्दोलन के द्वारा अंग्रेज़ी सरकार से सीधे-सीधे, दो-दो हाथ करने

---

1. सम्पूर्ण गांधी वाङ्मय (खण्ड 6), पृ. 360

की स्थिति में भी नहीं है। इसके लिए हमें सबसे पहले अपने बिखरे हुए समाज को एकजुट करके एक शक्ति के रूप में एकत्र करना पड़ेगा।

उन्होंने इस विचार को माध्यम बनाकर अपने लक्ष्य का निर्धारण किया और उसे प्राप्त करने के लिए जिन संसाधनों को हथियार बनाया, उनके कारण वह केवल अंग्रेज़ों के लिए ही नहीं, वरन पूरे विश्व के लिए एक आश्चर्य का विषय बन गये। जिस प्रकार एक तस्वीर लेने के लिए कैमरे को पहले फोकस करना पड़ता है, उसी प्रकार निर्धारित लक्ष्य की प्राप्ति के लिए पहले अपने संसाधनों और नीतियों का सही प्रयोग किया जाना आवश्यक है।

नेपोलियन हिल ने लिखा था, "इंसान जो सोच सकता है और जिसमें यक़ीन करता है, वह उसे हासिल भी कर सकता है।" सफलता प्राप्त करने की प्रेरणा लक्ष्य को हासिल करने की गहरी इच्छाशक्ति से आती है।

गांधी जी के अन्दर अपने लक्ष्य को प्राप्त करने की बहुत ही गहरी इच्छा शक्ति थी, वह जैसा सोचते थे, उसे वैसा ही करने का प्रयास भी करते थे। गांधीजी की सबसे बड़ी विशेषता, स्थिति का सही मूल्यांकन करके मानवीय आधारों पर निर्णय करने की थी। गांधी जी ने जब 12 मार्च, 1930 को अपने 76 अनुयायियों के साथ दांडी के लिए, साबरमती आश्रम से यात्रा शुरू की थी, उस समय किसी को भी इस बात का भान नहीं था कि अपनी धीर-गंभीर वाणी के द्वारा, वे सम्पूर्ण राष्ट्र में एक ऐसी लहर पैदा कर देंगे कि लाखों लोग उनके साथ चलने के लिए तैयार हो जायेंगे, लेकिन गांधी जी को पहले दिन से ही विश्वास था कि उनकी इस यात्रा से ऐसा ही होने जा रहा है। जैसा दृश्य बाद में पूरे भारत ने देखा। यह उनका, ख़ुद की नीतियों पर, आस्था और संकल्प का ही बल था।

गांधीजी और लार्ड इर्विन के बीच 4 मार्च, 1931 को जो समझौता हुआ था, उसके लिए उन दोनों के बीच अनेक बार बातचीत हुई और अन्तोगत्वा जो परिणाम निकला, उसने फिर से गांधीजी की लक्ष्य प्राप्ति की नीतियों पर अपनी मुहर लगा दी थी। इस समझौते के संदर्भ में कहा गया है– *"तीन सप्ताह में आठ बार मुलाक़ातें हुईं और उनका जो परिणाम निकला वह 'गांधी-इर्विन समझौते'*

के नाम से प्रसिद्ध हुआ। इस समझौते की शर्तें पढ़कर ऐसा लगता था, जैसे दो सार्वभौम सत्ताओं के बीच कोई संधि हुई हो, और इससे पता चलता है कि गांधी की विजय कितनी बड़ी थी।"[2]

किसी भी सफल 'मैनेजमेंट' गुरु के लिए यह आवश्यक है कि वह जो भी लक्ष्य निर्धारित करना चाहते हैं, पहले उसे स्पष्ट रूप से तय करें। फिर उसके लिए आवश्यक जानकारी प्राप्त करके अपना सामाजिक और व्यावसायिक दायरा बढ़ाकर शक्ति हासिल करें। हमें अपने संसाधनों को परिमार्जित रूप से प्रयोग करके ही अपने उद्देश्यों को प्राप्त करना चाहिए। सफलता प्राप्त करने के लिए, किसी काम को केवल एक बार करना ही काफी नहीं है, बल्कि हमें अपनी सफलता को निरन्तर दोहराना होगा। गांधी जी ने अपने आंदोलनों की जो झड़ी लगाई, उसकी वजह से वह धीरे-धीरे अपने निर्धारित लक्ष्यों की ओर तो बढ़े ही, साथ ही साथ में भारतीय जनमानस के बीच उनके विचारों की शक्ति भी और अधिक प्रभावशाली होती चली गयी।

समाज को एकजुट करने का लक्ष्य

गांधीजी ने इस बात को भली-भांति महसूस किया कि भारतीयों को राजनीतिक रूप से मज़बूत होने के लिए अपने आपको सामाजिक रूप से भी एकजुट करना पड़ेगा। वह जानते थे कि यदि हम सामाजिक रूप से बिखरे रहे तो ब्रिटिश शासकों के सामने एक शक्ति के रूप में अपना प्रदर्शन नहीं कर सकते। इसलिए उन्होंने सबसे पहले समाज की एकजुटता पर बल दिया। इसके लिए उन्होंने अपनी व्यापक वैचारिक दृष्टि का प्रयोग किया। गांधीजी जानते थे कि समाज को एकजुट करने की उनकी इन कोशिशों से कुछ पाखंडी और परम्परावादी लोग नाराज़ भी हो सकते हैं, लेकिन उन्होंने वरीयता लक्ष्य प्राप्ति को दी।

गांधीजी ने समाज में उस समय फैली हुई, तमाम संकीर्णताओं और भेद-भाव की नीतियों पर प्रहार करने में किसी भी प्रकार की हिचक नहीं दिखाई। स्वयं हिन्दू धर्म से सम्बंधित होने के बावज़ूद, उन्होंने हर प्रकार की

---

2. फ्रीडम एट मिडनाइट, पृ. 76

संकीर्णता से ऊपर उठकर, अपने विचारों को व्यापक परिप्रेक्ष्य में प्रस्तुत किया। उन्होंने कहा– *"अस्पृश्यता की प्रथा सिर्फ हिन्दू-धर्म में ही है। न तो इसका बुद्धि से कोई सम्बन्ध है, और न शास्त्रों में ही इसके लिए कोई प्रमाण है। शास्त्रों का जो थोड़ा-सा अध्ययन मैंने किया है, और शास्त्रों का गहरा अनुशीलन करने वालों ने मुझे जो बतलाया है, उस सबसे मालूम होता है कि हिन्दू-धर्म में जन्मना अस्पृश्यता के लिए कोई आधार या प्रमाण नहीं है। शास्त्र क्या कहते हैं और क्या नहीं, इस चर्चा के लिए अब मेरे पास समय नहीं है और अपने कथन की पुष्टि में आपके सामने शास्त्रों के प्रमाण पेश करूं, यह भी अब मेरे लिए ज़रूरी नहीं है। अब ज़रूरी यह है कि अगर आपको विश्वास हो कि अस्पृश्यता हिन्दू-धर्म पर लगी हुई कलंक-कालिमा है, और इससे हिन्दू-धर्म के नष्ट हो जाने का ख़तरा है, तो अस्पृश्यता को हटाने का काम हर हालत में शुरू कर दीजिए।"*[3]

गांधी जी ने हमेशा ही इस बात पर बल दिया कि हम जिस कार्य को भी करना चाहते हैं, उसे पूरे मन के साथ करना चाहिए। यदि हम उस कार्य को करने के लिए शारीरिक स्तर पर तो तैयार हैं लेकिन उसके साथ हमारा मानसिक जुड़ाव नहीं है, तो उस कार्य में परिपूर्णता नहीं आ सकती। इसलिए छुआछूत और भेद-भाव की नीतियों के संदर्भ में भी उन्होंने कहा कि हमें इस बात को आत्मा के स्तर पर स्वीकार करना चाहिए कि हमें ऊंच-नीच का भेद-भाव भूलकर सबके साथ एक जैसा आचरण करना चाहिए। इस संदर्भ में उन्होंने कहा है– *"अस्पृश्यता दूर करने का अर्थ सिर्फ इतना ही नहीं है कि जिन्हें हम अस्पृश्य मानते हैं, उन्हें हम छूने लगें। अवसर आने पर प्रेम-भाव से उनका स्पर्श तो करना ही है। किन्तु इसका अर्थ कहीं अधिक है। अस्पृश्यता नष्ट करने का यह अर्थ है कि ऊंच-नीच का भाव भूल जाना चाहिए।"*[4]

एक सफल 'मैनेजमेंट' कर्मी के लिए यह आवश्यक है कि वह जो भी उद्देश्य निर्धारित करे, उसे परिपूर्णता के साथ प्राप्त करने की कोशिश करे। केवल उद्देश्य प्राप्ति ही महत्त्वपूर्ण नहीं है, बल्कि उसे प्राप्त करने के साधन और उनके साथ मानसिक स्तर पर सहमति होना भी अत्यंत ही आवश्यक है।

---

3. सम्पूर्ण गांधी वाङ्मय (खण्ड 63), पृ. 40

निर्णय लेने की क्षमता

बिना 'एक्शन' के लक्ष्य खोखले सपनों की तरह होते हैं। 'एक्शन' ही सपनों को लक्ष्यों में बदलता है। अगर हम अपना लक्ष्य नहीं हासिल कर पाते तो इसका मतलब असफल होना नहीं है। देरी होने का मतलब हारना नहीं, इसका सिर्फ़ यही मतलब है कि अपने लक्ष्य को पाने के लिए फिर से प्लान बनाने की ज़रूरत है।

गांधी जी ने अपनी नीतियों के द्वारा यह सिद्ध किया कि उनके भीतर सही समय पर सही निर्णय लेने की व्यापक क्षमता है। जब वह चम्पारन में 'अंग्रेज़ प्लान्टरों' के अत्याचारों के ख़िलाफ ग़रीब मजदूरों के समर्थन में वहां पहुंचे थे, उसी समय उन्होंने तत्कालीन ब्रिटिश वायसराय को सूचित कर दिया था कि मेरा उद्देश्य वहां मजदूरों को भड़काना नहीं है बल्कि शान्तिपूर्ण तरीक़े से उनकी समस्याओं का समाधान करवाना है। यदि उन्होंने पहले से ही यह निर्णय न लिया होता तो उसी समय उन्हें गिरफ्तार करके उनकी जीवन लीला समाप्त करने की जा सकती थी। गांधी जी इस बात को भली-भांति जानते थे कि चम्पारन आन्दोलन, भारत की ज़मीन पर उनके द्वारा उठाया गया पहला क़दम है, और पहला क़दम बहुत सोच-समझकर उठाया जाना चाहिए।

इसके विपरीत, जब 8 अगस्त 1942 को उन्होंने मुम्बई में 'भारत छोड़ो आन्दोलन' का शंखनाद किया तो उनका स्वर और उद्देश्य बदल चुके थे। गांधी जी ने इस बात को महसूस कर लिया था कि अब उनके आन्दोलनों के साथ भारतीय जनमानस, जिस प्रकार एक शक्ति के रूप में एकजुट हो चुका है, उसका ब्रिटिश हुकूमत के पास कोई भी जवाब नहीं है, इसलिए उन्होंने निर्णय लिया कि अब हमें 'करो या मरो' के संकल्प के साथ भारत की स्वतंत्रता का अंतिम युद्ध लड़ना है। उन्होंने कहा था—*"इस युद्ध में प्रत्येक भारतीय अपने आपको सेनापति मानकर भाग लेगा। सुझाव देने या मार्गदर्शन करने के लिए कार्यसमिति का कोई सदस्य जीवित रहे या न रहे। प्रत्येक भारतीय को यह मानकर इस युद्ध को अपनी अंतिम सांस तक जारी रखना है कि यह स्वतंत्रता का अंतिम युद्ध है और हमें हर हालत में विजय प्राप्त करनी है।"*[5]

---

4. सम्पूर्ण गांधी वाङ्मय (खण्ड 56), पृ.

उपरोक्त उदाहरण इस बात को प्रस्तुत करता है कि गांधी जी ने समय आने पर कठोर निर्णय और कठोर शब्दों का भी प्रयोग किया, लेकिन उन्होंने अपने निर्णय लेने के लिए सही समय और सही परिस्थितियों का इन्तज़ार किया। एक समय वह भी आया, जब उन्होंने भारत की आज़ादी के संदर्भ में अंग्रेज़ों को चेतावनी देते हुए कहा—*"मुझे धन-दौलत नहीं चाहिए, मान-सम्मान नहीं चाहिए, भारत का राज्य नहीं चाहिए, मुझे तो भारत की आज़ादी चाहिए।"*[6]

एक सफल 'मैनेजमेंट' गुरु के लिए यह आवश्यक है कि वह पहले अपने लक्ष्यों को प्राप्त करने के लिए सही भूमिका बनाये, फिर सही समय पर अपने सटीक निर्णयों के द्वारा लक्ष्य की प्राप्ति करे। केवल एक बार असफल हो जाने का मतलब यह नहीं है कि आप अपने लक्ष्य प्राप्ति के उद्देश्य को ही छोड़ दें, इसके लिए निरन्तर प्रयास किया जाना बहुत ही आवश्यक है। आप सब अब्राहिम लिंकन से भली-भांति परिचित हैं। उन्होंने 21 साल की उम्र में व्यापार किया और उसमें असफल हुए, 22 साल की उम्र में एक चुनाव में हारे, 24 साल की उम्र में फिर से व्यापार में असफल हुए, 26 साल की उम्र में उनकी पत्नी का देहांत हो गया, 27 साल की उम्र में मानसिक संतुलन खो बैठे, 34 साल की उम्र में कांग्रेस का चुनाव हार गये, 45 साल की उम्र में सीनेट का चुनाव हारे, 47 साल की उम्र में उप-राष्ट्रपति बनने के प्रयास में नाक़ामयाब रहे, फिर 49 साल की उम्र में सीनेट का चुनाव हार गये और 52 साल की उम्र में अमरीका के राष्ट्रपति चुने गये।

हम जब भी कोई बड़ा लक्ष्य निर्धारित करते हैं, उस समय दो बातें महत्वपूर्ण होती हैं, एक तो परिस्थितियां, दूसरी हमारी तैयारी। परिस्थितियां हवा के रुख की भांति हैं, जिन पर हमारा कोई भी वश नहीं है, लेकिन हमारी तैयारी नाविक द्वारा लगाये गये उस पाल की तरह से है, जिसको लगाने के रुख का फैसला हमें स्वयं तय करना है, इसलिए परिस्थितियां चाहे जो भी हों, लेकिन उनसे लड़ते हुए सटीक लक्ष्य प्राप्त करने के लिए हमारी तैयारी सही दिशा में और

---

5. गांधी और गांधीगिरी, पृ. 32
6. सम्पूर्ण गांधी वाङ्मय (खण्ड 19), पृ. 29

परिस्थितियों के अनुरूप होनी चाहिए। गांधी जी ने अपने लक्ष्य की प्राप्ति के लिए, विपरीत स्थितियों में भी हमेशा अपनी नीतियों को सही दिशा में प्रतिपादित किया।

उनकी नीतियों को यदि हम 'मैनेजमेंट' के क्षेत्र में लागू करते हैं तो इस क्षेत्र में भी हमें व्यापक सफलता प्राप्त हो सकती है। अगर कोई व्यक्ति अपनी ज़िंदगी में बड़ी उपलब्धियां हासिल करना चाहता है तो उसे परिपक्व और समझदार बनना ही पड़ेगा। परिपक्वता और समझदारी का मतलब है—छोटी-छोटी बातों और बहस में न उलझना। गांधी जी ने अपने जीवन के द्वारा इस सम्बन्ध में श्रेष्ठ उदाहरण प्रस्तुत किये हैं।

सही नीति का निर्धारण

क्या आप किसी ऐसी 'ट्रेन' या 'बस' में बैठना पसन्द करेंगे, जिसके बारे में आपको यह जानकारी ही नहीं है कि वह कहां जा रही है? इसका सीधा-सा जवाब होगा, नहीं। बस या ट्रेन में तो नहीं बैठेंगे, लेकिन ज़िंदगी के सफ़र में बिना लक्ष्य के लोग चलने को क्यों तैयार हो जाते हैं? किसी भी दिशा में कार्य करने से पहले हमें अपना लक्ष्य निर्धारित करना चाहिए और फिर उस लक्ष्य को प्राप्त करने के लिए सही नीति का निर्धारण करना चाहिए। गांधी जी ने हमेशा इस बात पर बल दिया। इसलिए भारत के स्वतंत्रता संग्राम में विभिन्न आंदोलनों का नेतृत्व करते समय उन्होंने जनता के सम्मुख हमेशा इस विचार को रखा कि हमारा विरोध केवल अंग्रेज़ी हुकूमत के द्वारा, यहां तैनात किये गये कर्मचारियों से नहीं है, बल्कि हमारी लड़ाई उस विचार से है, जो यहां के संसाधनों को समेटकर इंग्लैंड ले जाना चाहता है।

गांधीजी ने महसूस किया कि किसी भी समस्या को पूर्ण रूप से समाप्त करने के लिए उसकी जड़ तक पहुंचना आवश्यक है। इसलिए जब उन्होंने विदेशी कपड़ों के बहिष्कार की घोषणा की तो इंग्लैंड में अनेक 'टैक्सटाईल मिलों' और उनके कर्मचारियों की संख्या प्रभावित होनी शुरू हो गई। उन्होंने चरखे को एक प्रतीक के रूप में जिस तरह भारत के स्वतंत्रता आंदोलन से जोड़ दिया, वह अपने आप में एक आश्चर्य है। गांधी जी ने हमेशा अपने लक्ष्यों की

प्राप्ति के लिए सही नीति का निर्धारण किया, इसलिए वह इतने कम संसाधनों के द्वारा ब्रिटिश साम्राज्य की शक्तिशाली सत्ता को चुनौती दे सके।

यदि हम सही नीति का निर्धारण कर लेते हैं तो लक्ष्य की प्राप्ति अपने आप आसान हो जाती है। एक पुरानी कहानी है जो हमें यह बताती है कि एक राक्षस था, जो गांव के लोगों को परेशान करता था। एक दिन एक युवा गड़रिया अपने भाइयों से मिलने आया और पूछा कि "तुम लोग राक्षस से लड़ते क्यों नहीं हो?" भाई बेहद डरे हुए थे, उन्होंने जवाब दिया, "क्या तुमने देखा नहीं कि वह इतना बड़ा है कि उसे मारा नहीं जा सकता है?" तब उसने कहा कि यदि वह बड़ा है तो यह तो खुशी की बात है, क्योंकि जब हम उसे मारेंगे तो चूक नहीं सकते।" यह सही नज़रिये के द्वारा सही नीति का निर्धारण है। गांधीजी ने हमेशा इसी सोच के साथ काम किया और अपने लक्ष्य को प्राप्त किया। एक सफल 'मैनेजमेंट' कर्मी के लिए यह आवश्यक है कि वह अपनी नीतियों को सही दिशा में निर्धारित करते हुए अपने लक्ष्य की प्राप्ति करे।

व्यावहारिकता पर बल

गांधीजी हमारे स्वतंत्रता संग्राम के एक ऐसे जननायक थे, जो सत्य और अहिंसा को हथियार बनाकर निरंतर अपनी लड़ाई लड़ते रहे। इस संघर्ष की कहानी में गांधीवादी विचारधारा के सैद्धांतिक, संशोधनवादी और नैतिक आदि, सभी रूप देखने को मिलते हैं। लेकिन गांधी जी ने अपनी नीतियों के हर रूप में हमेशा व्यावहारिकता पर बल दिया। गांधी जी ने पुरातन के साथ नूतन की उन सभी अच्छाइयों को शामिल करने पर बल दिया जो भारतीय संस्कृति और गांवों की उन्नति के अनुकूल थी। गांधीजी, अपनी विचारधारा में नित्य नया परीक्षण करते रहते थे। इसलिए उनके लक्ष्य प्राप्ति के तमाम प्रयोग सफल हुए। उनकी वाणी में जो शक्ति थी, उसकी मान्यता का कोई भी दूसरा उदाहरण उस समय की राजनीति में नहीं था।

---

7. फ्रीडम एट मिडनाइट, पृ. 336

कलकत्ता में साम्प्रदायिक आग को रोकने के उद्देश्य से जब उन्होंने यह कहा– *"आज पूरे भारत की शांति की चाबी कलकत्ता के हाथ में है। यहां अगर कोई छोटी-सी भी वारदात हो गयी, तो उसका हर जगह इतना असर पड़ेगा कि अंदाज़ा नहीं लगाया जा सकता। अगर सारे देहात में भी आग भड़क उठे तो भी आपकी ज़िम्मेदारी होगी कि कलकत्ता अग्नि की लपटों से बचा रहे।"*[7]

उनकी इस बात का जनमानस पर व्यापक असर पड़ा। कलकत्ता के लोगों को लगा कि यदि गांधी जी ऐसा कह रहे हैं तो निश्चित रूप से हमें इसका पालन करना चाहिए वरना इसके परिणाम विनाशकारी हो सकते हैं, क्योंकि गांधी जी भी इस बात को अच्छी तरह जानते थे कि एक बार जब आपके क़दम सही लक्ष्य की ओर बढ़ेंगे तो आप देखेंगे कि लोग प्रभावित होकर खुद-ब-खुद आपके साथ सम्मिलित हो रहे हैं। इसके लिए किसी प्रचारतंत्र की भी आवश्यकता नहीं है, क्योंकि प्रत्येक व्यक्ति अच्छे कार्य में अपना योगदान देना चाहता है।

'मैनेजमेंट' के क्षेत्र में कार्य करने वाला कोई भी प्रबन्धक, गांधी जी की नीतियों से प्रेरित और प्रभावित होकर, लक्ष्य निर्धारण की कला और उसे प्राप्त करने के लिए आवश्यक तत्त्वों के बारे में सटीक जानकारी प्राप्त कर सकता है। वह गांधी जी से प्रेरणा लेकर उत्साहपूर्वक नये जोश के साथ अपने उद्देश्यों का निर्धारण कर सकता है। *गांधी जी की नीतियों से प्रेरणा लेकर एक सफल 'मैनेजमेंट' गुरु को इन बातों को अपने जीवन में तत्काल लागू करना चाहिए–*

- *अपने लक्ष्य का निर्धारण सोच-विचारकर करें।*
- *लक्ष्य प्राप्ति के लिए सम्बंधित आवश्यक लोगों को साथ लेकर चलें।*
- *अपने भीतर तत्काल निर्णय लेने की क्षमता का विकास करें।*
- *लक्ष्य प्राप्ति के लिए सही नीति का निर्धारण करें।*
- *हमेशा व्यावहारिकता पर बल दें।*

❑❑

13

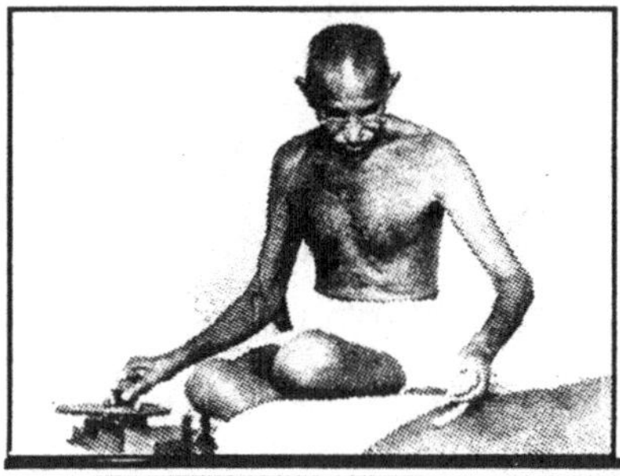

साधनों का श्रेष्ठतम प्रयोग

अपने दिनभर के समय को वह एक सोलह साल पुरानी आठ शिलिंग की 'इंगरसोल' घड़ी के सहारे व्यवस्थित करते थे; बहुत ही थोड़ी-सी चीज़ें थीं, जिन्हें वह अपनी कह सकते थे; उनमें एक यह घड़ी भी थी, जो हर समय एक डोरी से उनकी कमर में बंधी रहती थी। वह रोज़ रात को दो बजे उठकर 'गीता' पढ़ते थे और सुबह की प्रार्थना करते थे। तब से भोर तक वह अपनी कुटिया में बैठकर बड़े धीरज के साथ, पेंसिल से पत्रों के विस्तृत उत्तर लिखते थे। वह हर पेंसिल को तब तक इस्तेमाल करते रहते थे, जब तक वह इतनी छोटी न हो जाए कि पकड़ी ही न जा सके, क्योंकि उनका कहना था कि वह पेंसिल भी उन्हीं जैसे किसी इंसान ने बनायी थी और उसे बर्बाद करना, उस आदमी की मेहनत का अनादर करना होगा।"

—फ्रीडम एट मिडनाइट, पृ. 65

साधनों का श्रेष्ठतम प्रयोग

सच्चाई यह है कि ज़िंदगी एक प्रतियोगिता है और इस प्रतियोगिता में हम सभी को भाग लेना है। प्रतियोगिता भाग लेने वालों को और बेहतर बनाती है। हम इस प्रतियोगिता में केवल उस स्थिति में विजय प्राप्त कर सकते हैं, जब हम अपने साधनों का श्रेष्ठतम प्रयोग करना भी जानते हों। एक सफल 'मैनेजमेंट' गुरु के लिए यह आवश्यक है कि वह अपने संसाधनों का श्रेष्ठतम प्रयोग करे, ताकि उसे कम समय में, कम ख़र्च द्वारा वांछित लक्ष्यों की प्राप्ति हो सके।

यदि लक्ष्य हमारे सामने है तो हमें सौ प्रतिशत नहीं, बल्कि दो सौ प्रतिशत मेहनत और कोशिश करनी चाहिए। गांधीजी ने विषम से विषम स्थिति में भी, अपना संयम नहीं छोड़ा। उन्होंने अपने व्रत और उपवास तक को लक्ष्य प्राप्ति का साधन बनाकर प्रस्तुत किया। उन्होंने अनेक बार आमरण अनशन के द्वारा समाज में अपनी मान्यता का अहसास करवाया। इस तथ्य को स्वीकारते हुए उन्होंने कहा था कि मेरा धर्म मुझसे कहता है कि जब अनिवार्य संकट उपस्थित हो और कष्ट असह्य हो जाए तो उपवास और प्रार्थना करनी चाहिए। कई बार हम सोचते हैं कि इन छोटी-छोटी बातों से क्या प्रभाव पड़ता है, लेकिन स्वयं गांधी जी का मानना था कि किसी के भी व्यक्तित्व का प्रभाव तो छोटी-छोटी बातों से ही पड़ता है।

एक आदमी सुबह को समुद्र के किनारे टहल रहा था। उसने देखा कि लहरों के साथ सैकड़ों 'स्टार' मछलियां तट पर आ जाती हैं और जब लहरें पीछे जाती हैं तो मछलियां किनारे पर ही रह जाती हैं और धूप से मर जाती हैं। लहरें ताज़ी थीं और स्टार मछलियां जीवित थीं। वह आदमी कुछ क़दम आगे बढ़ा, उसने एक मछली उठाई और पानी में फेंक दी। ऐसा वह बार-बार करता रहा। उस आदमी के ठीक पीछे एक और आदमी था, जो यह नहीं समझ पा रहा था कि

वह क्या कर रहा है? वह उसके पास आया और पूछा, "तुम क्या कर रहे हो? यहां तो सैकड़ों मछलियां हैं। तुम कितनों को बचा सकोगे? और इससे क्या फ़र्क़ पड़ेगा?" उस आदमी ने कोई जवाब नहीं दिया, दो क़दम आगे बढ़कर एक और मछली को उठाकर पानी में फेंक दिया और बोला, "इससे इस एक मछली को फ़र्क़ पड़ता है।"

गांधी जी ने हमेशा इस बात को रेखांकित किया कि हमारी छोटी-छोटी बातें ही हमें बड़ा बनाती हैं। इसलिए एक सफल 'मैनेजमेंट' कर्मी के पास लक्ष्य प्राप्ति के लिए अधिक संसाधनों की नहीं, बल्कि उपलब्ध संसाधनों के सही प्रयोग की आवश्यकता है।

स्वयं पर आत्मविश्वास

एक लड़का नदी में डूब रहा था, वह मदद के लिए चिल्लाया। एक आदमी, जो उधर से गुज़र रहा था, नदी में कूद पड़ा और उसने लड़के को बचा लिया। जब वह आदमी जाने लगा तो बच्चे ने कहा, "धन्यवाद!" उस आदमी ने पूछा, "किसलिए?" लड़के ने जवाब दिया, "मेरी ज़िंदगी बचाने के लिए।" उस आदमी ने लड़के की आंखों में देखा और कहा, "बेटा, जब तुम बड़े हो जाओ तो इस बात को याद रखना कि तुम्हारी ज़िंदगी बचाने लायक थी।" यह आवश्यक है कि हम स्वयं की क्षमताओं और स्वयं की नीतियों पर भरपूर विश्वास करें । हमें इस बात पर गर्व होना चाहिए कि ईश्वर ने हमें मनुष्य के रूप में जो शक्तियां प्रदान की हैं, वह हमें अन्य जीवधारियों से अलग बनाती हैं। हम अपनी क्षमताओं का भरपूर प्रयोग करके अपने लक्ष्य की प्राप्ति कर सकते हैं। हमें अपने आप पर आत्मविश्वास और अपने महत्त्व पर गर्व होना चाहिए। बहुत आसान-सी बात है, जब तक हम स्वयं पर गर्व नहीं करेंगे, तब तक दूसरे हम पर किस प्रकार गर्व कर सकते हैं। यहां इस बात का ध्यान रखा जाना बहुत ही आवश्यक है कि आप स्वयं दूसरों के सामने अपनी ख़ूबियों की चर्चा न करें, इस काम को आप दूसरों पर छोड़ दें, लेकिन आन्तरिक रूप से

---

1. फ्रीडम एट मिडनाइट, पृ. 77

अपनी शक्तियों और स्वयं पर विश्वास रखें। यदि आप दूसरों के सामने स्वयं ही अपनी प्रशंसाओं के पुल बांधने लगेंगे तो आप एक बड़बोले और घमंडी व्यक्ति के रूप में पहचाने जायेंगे।

गांधीजी को अपनी क्षमताओं पर भरपूर विश्वास था, इसलिए जब उन्हें इंग्लैंड के सम्राट की तरफ़ से न्यौता मिला, तो वह उसी वेषभूषा में सम्राट से मिलने पहुंच गये, जो उनकी सामान्य दिनचर्या की वेषभूषा थी। उनके इस आत्मविश्वास का ज़िक्र करते हुए दामिनिक लैपियर और लैरी कॉलिन्स ने कहा है—*"छः महीने बाद पूरी अंग्रेज़ क़ौम यह देखकर दंग रह गयी कि महात्मा गांधी खाली एक लंगोटी और चप्पल पहने सम्राट के साथ चाय पीने के लिए बकिंघम पैलेस पहुंच गये। वह अंग्रेज़ी के प्रसिद्ध कवि रुडयार्ड किपलिंग की मशहूर कविता के पात्र गंगादीन की जीती-जागती तस्वीर लग रहे थे—"सामने जो है वह न होने के बराबर और पीछे उसके आधे से भी कम।" बाद में जब उनसे पूछा गया, "क्या इस पोशाक में जाना उचित था?" तो गांधी ने मुस्कराकर जवाब दिया, "सम्राट जितने कपड़े पहने हुए थे, वह हम दोनों के लिए काफी थे।""*[1]

हमारा आत्मविश्वास, दृढ़ निश्चय और संसाधनों का सही दिशा में प्रयोग धीरे-धीरे हमें सफलता की ओर अग्रसरित कर देता है। वह हमें लक्ष्य की ओर ले जाता है। गांधीजी ने अपने जीवन से यह सिद्ध किया कि वह आत्मविश्वास और दृढ़निश्चय की प्रतिमूर्ति थे। उन्होंने अपने मन में जो संकल्प लिया उसे हर क़ीमत पर निभाया। एक सफल 'मैनेजमेंट' कर्मी के पास भी इसी प्रकार के संकल्पों का बल होना चाहिए। उसे गांधी जी की नीतियों से प्रेरणा लेकर निम्न बातों को अपने जीवन में तुरंत लागू करना चाहिए—

- *उपलब्ध संसाधनों का श्रेष्ठतम प्रयोग करना।*
- *स्वयं पर भरपूर आत्मविश्वास रखना।*
- *जो भी करें, उसे कम समय में और कम ख़र्च में करने की कोशिश करना*

❑❑

14

विशेष परिस्थितियों में संतुलन

अमृतमय हिन्दुस्तान वह है जो केवल हिन्दू का नहीं है, पर साथ में मुसलमान, पारसी, ईसाई और सिख का भी उतना ही है, जितना हिन्दुओं का। अमृतमय पाकिस्तान भी वही है, जिसमें सभी क़ौमों के लिए जगह हो और किसी के बारे में वहां ज़हर न हो।

–प्रार्थना-प्रवचन 1, पृ. 28-29

विशेष परिस्थितियों में संतुलन

हमें क़ुदरत से सीखने की ज़रूरत है। बत्तख पानी में जितनी तेज़ी से पांव चलाती रहती है, ऊपर से उतनी ही शांत और स्थिर दिखती है। एक सफल 'मैनेजमेंट' कर्मी के लिए यह आवश्यक है कि वह विपरीत स्थितियों में भी संयम और सहनशीलता का परिचय दे। सार्वजनिक क्षेत्र में कार्य करने वाले व्यक्ति को अनेक बार प्रतिकूल स्थितियों का सामना करना पड़ता है। 'मैनेजमेंट' के क्षेत्र में कार्य करने वाले व्यक्ति को भी अनेक बार अपनी संस्था के लिए निर्णय लेते समय भिन्न-भिन्न मानसिकता के लोगों के बीच संतुलन स्थापित करना पड़ता है। इस संतुलन की प्रक्रिया में अनेक बार विपरीत स्थितियां पैदा हो जाती हैं। ऐसी स्थिति में निर्णय करने वाले व्यक्ति की परीक्षा शुरू हो जाती है। उसे अपनी परीक्षा में ख़रा उतरने के लिए बहुत संजीदगीपूर्वक अपने निर्णय करने चाहिए।

गांधीजी ने अपने जीवन में अनेक़ आंदोलनों का नेतृत्व किया और उनमें भिन्न-भिन्न मानसिकता के लोगों के साथ कार्य किया, लेकिन उन्होंने संयम के रूप में जो शक्ति प्राप्त कर ली थीं, उसने उनकी कार्यक्षमताओं को और अधिक शक्तिशाली बना दिया। प्रत्येक व्यक्ति के पास एक निश्चित समय है, उसे उस समय में ही अपने सभी कार्यों को सम्पादित करना है। यदि आप अपने उस समय को नकारात्मक बातों और व्यर्थ के लोगों से उलझने में गवां देंगे तो आपके बहुत सारे आवश्यक कार्य या तो छूटने शुरू हो जायेंगे या फिर आप उन्हें बेहतर तरीक़े से नहीं कर पायेंगे। इसलिए यह आवश्यक है कि व्यर्थ की नकारात्मक बातों, और ऐसे व्यक्तियों से बचा जाए जो आपको अनावश्यक बातों में उलझाना चाहते हैं। इस संदर्भ में सायरस चिंग ने कहा है कि "मैंने बहुत पहले

सीख लिया था कि सूअर से कुश्ती कभी नहीं लड़ें। आप तो मैले हो जाएंगे, साथ ही यह सूअर को अच्छा लगता है।'' इसलिए एक सफल 'मैनेजमेंट' कर्मी बनने के लिए विपरीत स्थितियों में, संयम का परिचय देना चाहिए और साथ ही साथ व्यर्थ की अनावश्यक बातों से भी बचना चाहिए। गांधीजी ने इस विचार को जीवन-भर अपनाया और उसे अपनी नीतियों के द्वारा सिद्ध भी किया। उन्होंने अहिंसा के संदर्भ में कहा–*''सचमुच अहिंसा की सबसे बड़ी कसौटी यही है, कि हिंसा करने की गम्भीर उत्तेजना होने पर भी व्यक्ति अपने विचार, वचन् और कर्म में अहिंसापूर्ण बना रहे। सज्जन और विनम्र लोगों के प्रति अहिंसक बने रहना कोई बात नहीं। अहिंसा तो विश्व की प्राचीनतम शक्ति है, जो बड़े-से-बड़े प्रलोभन के विरुद्ध खड़ी रह सकती है।''*[1]

गांधीजी के जीवन में अनेक बार इस प्रकार के अवसर आये, उनके साथ अन्य लोगों द्वारा, कभी रंग के आधार पर, कभी वर्ण के आधार पर तो कभी भाषा के आधार पर भेद-भाव किया गया, लेकिन उन्होंने किसी भी स्थिति में अपना संयम नहीं छोड़ा। कलकत्ता में 'डेली टेलीग्राफ' के प्रतिनिधि 'मि. एलर थार्प' और उनके साथ जो घटना घटी उसके संदर्भ में गांधी जी ने अपनी आत्मकथा में लिखा है–*''मैं कलकत्ता गया। उस समय उन्हें इसका पता न था कि होटल के दीवानखाने में किसी हिंदुस्तानी को नहीं ले जाया जा सकता। बाद को उन्हें इस रोक का पता चला। अतः वह मुझे अपने कमरे में ले गये। हिंदुस्तानियों के प्रति स्थानीय अंग्रेज़ों की यह नफ़रत देखकर उन्हें खेद हुआ। मुझे दीवानखाने में न ले जाने के लिए क्षमा मांगी।''*[2]

तर्क का मतलब सिर्फ़ सही समय पर सही बात कहना ही नहीं है, बल्कि यह भी है कि जो नहीं कहना चाहिए, उसे न कहा जाए। गांधी जी ने अपने सार्वजनिक जीवन में, कभी भी ऐसी कोई भी बात नहीं कही, जो साम्प्रदायिक उन्माद को बढ़ावा देने वाली या नफ़रत फैलाने वाली हो। उन्होंने विपरीत से विपरीत स्थितियों में भी मनुष्यता और सद्भाव को स्थापित करने पर बल

---

1. सम्पूर्ण गांधी वाङ्मय (खण्ड 64), पृ. 172
2. माई एक्सपेरिमेंट विद ट्रूथ, पृ. 177

दिया। अनेक बार ऐसी स्थितियां भी पैदा हुईं, जब पूरे देश को यह लग रहा था कि गांधी जी के बयानों से कुछ कट्टरपंथी, नाराज़ हो सकते हैं, लेकिन गांधीजी ने इसकी परवाह किए बिना, अपने आपको हमेशा मानवीयता के पक्ष के खड़ा किया। जब क्रांतिकारियों के द्वारा अपने आक्रोश को प्रकट करने के लिए गरमपंथ का अनुसरण किया जा रहा था, उस समय भी गांधीजी ने कहा था—*"आज़ादी के नाम पर बम फेंकने वालों ने देश की आज़ादी के काम को नुक़सान पहुंचाया है, इस्लाम के नाम पर उन्मत्त होकर छुरी से हत्या करने वालों ने इस्लाम को बदनाम किया है। अगर सरकार भी इस मामले में धीरज छोड़कर पागलपन से काम लेगी, तो मूर्ख ही ठहरेगी। अगर वह बुद्धिमान है, तो समझ जाएगी कि बम फेंकने वालों के पागलपन के लिए वह खुद ही कुछ कम ज़िम्मेदार नहीं है। लोकमत की लगातार अवहेलना करके सरकार राष्ट्र को अधीर बना रही है और इस अधीरता के चलते कुछ लोगों का ग़लत राह पर चल पड़ना अनिवार्य है।"*[1]

एक सफल 'मैनेजमेंट' कर्मी के लिए यह आवश्यक है कि वह विपरीत से विपरीत स्थितियों में भी अपने सकारात्मक दृष्टिकोण को क़ायम रखे। स्थिति का सही विश्लेषण करते हुए अपने आपको संतुलित रखे और अपने निर्णयों को इस प्रकार क्रियान्वित करे, जिससे लक्ष्य प्राप्ति में किसी प्रकार की बाधा न उत्पन्न हो।

प्रतिकूल परिस्थितियों में संयम के संदर्भ में गांधीजी ने कहा है—

- *श्रद्धा की परीक्षा सबसे कठिन अवसर पर होती है।*
- *जब तक प्रेरणा को बुद्धि का समर्थन नहीं होता, तब तक वह पंगु है।*
- *जो धीरज खोता है, वह सत्य खोता है, अहिंसा खोता है।*
- *जब आदमी अपना काम नहीं कर पाता है, क्यों व्याकुल बनता है?*
- *वहम और सत्य साथ नहीं चल सकते हैं।*

❑❑

---

1. सम्पूर्ण गांधी वाङ्मय (खण्ड 40), पृ. 273

15

सार्वजनिक जीवन में पारदर्शिता

- *मैंने बीच में टोककर कहा, "अब्दुल्ला सेठ, इसमें मेरी फीस की बात तो उठनी ही न चाहिए। सार्वजनिक सेवा में फीस कैसी? मैं रुकूं तो एक सेवक की भांति रुक सकता हूं।*

—माई एक्सपेरिमेंट विद ट्रूथ, पृ. 140

- *लोकसेवक के लिए निजी भेंटें निषिद्ध हैं।*

—माई एक्सपेरिमेंट विद ट्रूथ, पृ. 214

सार्वजनिक जीवन में पारदर्शिता

जब गांधी जी दक्षिण अफ्रीका प्रवास से वापिस हिन्दुस्तान लौटने लगे, तो वहां रहने वाले लोगों ने उन्हें अनेक मूल्यवान उपहार दिए। इन उपहारों में लाखों रुपये मूल्य के सोने के ज़ेवर और हीरों की अंगूठियां भी थीं। गांधी जी चाहते तो इन उपहारों को अपने साथ हिन्दुस्तान ले जा सकते थे, लेकिन उन्होंने 1896 से 1901 तक, अफ्रीका में रहते समय, जितने भी उपहार प्राप्त किये थे, उनका एक ट्रस्ट बना दिया। जिसका उपयोग दक्षिण अफ्रीका में रहने वाले भारतीयों के कल्याण के लिए निश्चित किया गया। पांच वर्ष दक्षिण अफ्रीका में बिताने के बाद, गांधी जी जब स्वदेश लौटे तो दक्षिण अफ्रीका में एक नयी क्रान्ति और नयी चेतना का सूत्रपात हो चुका था।

गांधीजी के जीवन की ऐसी अनेक घटनाएं हैं, जिनसे यह पता चलता है कि उन्होंने अपने सार्वजनिक जीवन में हमेशा पारदर्शिता अपनायी, क्योंकि वह जानते थे कि लोक-सेवा-भाव से सार्वजनिक सेवा करना तलवार की धार पर चलने के समान है। लोक-सेवक स्तुति लेने के लिए तो तैयार हो जाता है, फिर उसे निन्दा के समय क्यों कर अपना मुंह छिपाना चाहिए? इसलिए एक स्थान पर उन्होंने कहा कि *"मैं इस निश्चय पर पहुंचा हूं कि लोक सेवक के लिए निजी भेंटें निर्षिद्ध हैं।"*[1]

गांधी जी ने हमेशा इस बात को महसूस किया कि जनता अपने आदर्श में अपने ईश्वर को देखती है। इसलिए हमें किसी भी क़ीमत पर जनता की भावनाओं को आहत नहीं करना चाहिए। उन्होंने स्वयं के जीवन के माध्यम से

1. माई एक्सपेरिमेंट विद ट्रूथ, पृ. 214

भारतीय जन-मानस के सम्मुख, एक आदर्श समाज-सेवी और एक ऐसे समर्पित चरित्र को प्रस्तुत किया, जिसके हृदय में जनता के लिए केवल सेवा का ही भाव था। धन-संग्रह या धन लोलुपता उन्हें छू भी न सकी थी। गांधी जी ने अपने सार्वजनिक जीवन में हमेशा ही पारदर्शिता से काम लेते हुए अपने चरित्र को बेदाग़ रखा।

पाई-पाई का हिसाब

"गांधीजी अपने बचपन से ही पाई-पाई का हिसाब रखते थे। उन्हें अपने विद्यार्थी-जीवन से ही अपने ख़र्च का अन्दाज़ा रहता था, वह महीने में 15 पौंड से अधिक ख़र्च नहीं करना चाहते थे। वह बस का किराया और डाक-ख़र्च भी हमेशा लिखते और सोने से पहले हमेशा अपनी रोकड़ मिला लेते थे। उनकी यह आदत अन्त तक कायम रही, वह समझते थे कि इसी कारण सार्वजनिक जीवन में उनके हाथों से लाखों रुपयों का उलट-फेर होने पर भी वे किफायतशारी से काम ले पाये और जितने आन्दोलन उनकी देख-रेख में चले, उनमें उन्हें कर्ज़ नहीं लेना पड़ा, बल्कि हरेक में कुछ-न-कुछ बचत ही हुई।"[2]

गांधीजी इस बात को भली-भांति जानते थे कि शुद्ध लोक सेवा में प्रत्यक्ष नहीं तो परोक्ष रीति से, राजनीति रहती ही है, इसलिए यहां अतिरिक्त रूप से संभलकर चलने की आवश्यकता है, क्योंकि चाहे वह किसी व्यक्ति का सार्वजनिक जीवन हो या फिर व्यक्तिगत, उसमें हर स्थिति में धन सम्बंधी लेखे-जोखे स्पष्ट होने ही चाहिए। मैंने अपनी जिन्दगी में ऐसे अनेक व्यक्ति देखें हैं, जो कमाते तो काफी अधिक हैं, लेकिन सही हिसाब-किताब न रख पाने के कारण अन्तोगत्वा उनके खाते में कुछ भी शेष नहीं बच पाता। एक सफल 'मैनेजमेंट' कर्मी के लिए यह आवश्यक है कि वह अपने धन सम्बंधी सभी खातों के बारे में हमेशा सचेत रहे। उसे हर समय, अपनी सही वस्तु स्थिति की जानकारी होनी चाहिए। गांधीजी ने अपने जीवन में अनेक आंदोलनों का सफल

---

2. गांधी और गांधीगिरी, पृ. 23

नेतृत्व किया, जिसके लिए उन्हें अनेक बार लाखों रुपयों का संग्रह करना पड़ा, इस संग्रह के दौरान उन्हें अनेक बार विपरीत स्थितियों का भी सामना करना पड़ा। इस संदर्भ में उन्हें जो तरह-तरह के अनुभव हुए, उनके संदर्भ में गांधीजी ने स्वयं लिखा है–*''आरंभ में ही मैंने यह सीख लिया था कि सार्वजनिक काम कभी कर्ज़ लेकर नहीं करना चाहिए और बातों में लोगों का भले ही विश्वास किया जाये, पर पैसे के वादे का विश्वास नहीं करना चाहिए।''*[3]

गांधी जी ने इस बात को स्वीकार किया है कि जो नियमों को जानता नहीं है और उनका पालन नहीं करता है, वह लोक सेवक हो ही नहीं सकता। उनका आशीर्वाद लेने के लिए आये हुए, राजनीतिज्ञों के एक दल को उन्होंने चेतावनी दी, *''सत्ता से बचो। सत्ता भ्रष्टाचार फैलाती है। उसकी तड़क-भड़क के भ्रम में मत जाओ। स्मरण रखो कि यह पद तुम्हें भारत के गांवों के ग़रीबों की सेवा करने के लिए मिला है।''*[4]

एक सफल 'मैनेजमेंट' कर्मी के लिए यह आवश्यक है कि वह अपने कार्यों को इस प्रकार व्यवस्थित करे कि उसे कम धन खर्च करके, अधिक प्राप्तियां हो सके। वह जिस क्षेत्र में भी निवेश करे, वहां उसके धन का अधिकतम उपयोग होना चाहिए। उसे यह प्रयास करना चाहिए कि किसी भी स्थिति में ख़र्च किए जाने वाले धन का दुरुपयोग न हो। धन के सदुपयोग के द्वारा ही वह सम्बंधित उद्योग या अपनी फर्म को लाभ पहुंचा सकता है। इसके लिए आय और व्यय के बीच संतुलन स्थापित किया जाना बहुत ही आवश्यक है। इस संदर्भ में गांधीजी ने कहा है–*''यदि आप अपने आत्मनिर्धारित लक्ष्य को पूरा करना चाहते हैं, तो आपको अपनी आय के भीतर ही ख़र्च पूरा करने की कला सीखनी होगी। इसे सम्पादित करने के दो सही रास्ते हैं। एक तो अपनी आवश्यकताओं को कम-से-कम कर देना; और दूसरा, अपना काम-धन्धा इस विधि से चलाना कि कभी सिर पर ऋण न चढ़े।''*[5]

गांधीजी ने अपनी नीतियों द्वारा केवल सार्वजनिक जीवन में पारदर्शिता पर ही बल नहीं दिया, बल्कि आय और व्यय के बीच एक श्रेष्ठ संतुलन बनाने पर

---

3. माई एक्सपेरिमेंट विद ट्रूथ, पृ. 149
4. फ्रीडम एट मिडनाइट, पृ. 282

भी बल दिया है। उनका मानना था कि हमें धन का सदुपयोग करना चाहिए और उससे सम्बंधित सभी लेखे-जोखे और लेन-देन भी स्पष्ट होने चाहिए। आइये, एक सफल 'मैनेजमेंट' कर्मी बनने के लिए, निम्न बातों को अपने जीवन में आज से ही लागू करें–

- *अपने व्यक्तित्व और कार्य करने की पद्धति को पारदर्शी बनायें।*
- *अपने हिसाब और लेखे-जोखे हर समय स्पष्ट रखें।*
- *प्रतिदिन का हिसाब प्रतिदिन मिलाने की आदत डालें।*

❑❑

---

5. सम्पूर्ण गांधी वाङ्मय (खण्ड 66), पृ. 139

16

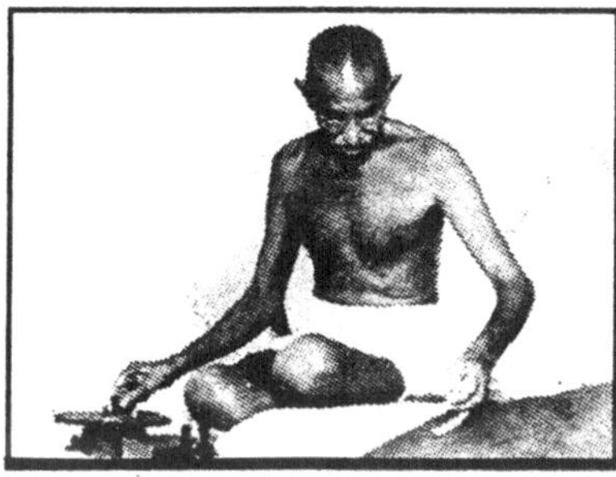

सही पृष्ठभूमि बनाना

जब सवर्ण अपनी उच्चता और श्रेष्ठता के अभिमान में यह कहते हैं कि क्या हरिजन शराब पीने, मुर्दार मांस खाने, गन्दे रहने वग़ैरा की बुरी आदतें छोड़ देंगे, तब मैं अधीर हो उठता हूं। मान लीजिए कि मेरे पिता या माता, पुत्र या पुत्री कोढ़ी हैं, तो क्या मैं यह कह सकता हूं कि जब वे कुष्ठ से मुक्ति पा जायेंगे, तभी मैं उनका स्पर्श करूंगा? अगर मैं ज़रूरत के वक़्त उनकी सेवा नहीं करता, तो मैं अपने और उनके पवित्र पारस्परिक सम्बन्ध को झुठलाता हूं।

–सम्पूर्ण गांधी वाङ्मय (खण्ड 63), पृ. 43

सही पृष्ठभूमि बनाना

इतने मज़बूत बनें कि कोई भी चीज़ आपके मन की शांति को भंग न कर सके। जिस किसी से भी मिलें, अच्छी सेहत, खुशी और तरक़्क़ी की ही बातें करें। सभी दोस्तों को यह अहसास कराएं कि उनमें भी ख़ूबियां हैं। हर चीज़ के अच्छे पहलू को ही देखें। सिर्फ़ 'सबसे बढ़िया' के बारे में सोचें, 'सबसे बढ़िया' के लिए ही काम करें और 'सबसे बढ़िया' की ही उम्मीद करें। सबसे मुस्कुराकर मिलें। अपने को बेहतर बनाने के लिए इतना ज़्यादा वक़्त दें कि आपके पास दूसरों की बुराई करने का वक़्त ही न बचे। इतने बड़े बनें कि चिंता न सताए और इतने उदार बनें कि गुस्सा न आए।

इन ख़ूबियों को अपने अन्दर विकसित करने के लिए यह आवश्यक है कि आप स्थिति का सही विश्लेषण करके, उसके संदर्भ में सही पृष्ठभूमि बनायें। हम जो भी महत्त्वपूर्ण निर्णय करने जा रहे हैं, यदि उनके संदर्भ में हमें पृष्ठभूमि की सही जानकारी नहीं है तो हमारे कार्य करने की दिशा ग़लत हो सकती है। गांधीजी ने अपनी बात को कहने से पहले उसे तर्क़ की कसौटी पर कसकर अपने अनुभव के आधार पर पुष्ट किया, उसके बाद उसे सही पृष्ठभूमि में प्रस्तुत किया। उन्होंने अंग्रेज़ सरकार की आलोचना करते हुए भी, उन पर सीधा प्रहार करने के स्थान पर पहले अपनी बात के समर्थन में सही पृष्ठभूमि निर्मित की। फिर उसे आदर्श के रूप में प्रस्तुत किया। अंग्रेज़ों के शासन काल में भारत की स्थिति के संदर्भ में, उनके कुशासन पर व्यंग्य करते हुए गांधी जी ने कहा– *"उन्नत क़ौम का अविकसित क़ौम से पाला पड़े, तो उन्नत क़ौम का फर्ज़ है कि वह उसे अपने ही समान उन्नत बना दे। ठीक इसी प्रकार, राजा, प्रजा का कोई मालिक नहीं, बल्कि सेवक है। अधिकारी-गण भी अधिकार के उपयोग के लिए नहीं, बल्कि प्रजा को सुख पहुंचाने के लिए हैं। गणतांत्रिक राज्य में यदि स्वार्थी हों, तो उस राज्य को निकम्मा समझा जाए।"*[1]

एक सफल 'मैनेजमेंट' कर्मी के लिए यह आवश्यक है कि अपनी बात को प्रमाणित करने के लिए, वह उसके समर्थन में पहले अपने तर्कों को एकत्रित करके, उसकी सही पृष्ठभूमि का निर्माण कर ले, ताकि उसके विरोधी भी उससे सहमत हुए बिना न रह सकें।

आर्थिक समानता का समर्थन

गांधीजी ने अपनी नीतियों के द्वारा हमेशा ही समानता पर बल दिया। वह आज़ादी के आंदोलन द्वारा केवल राजनीतिक स्तर पर ही नहीं, वरन सामाजिक स्तर पर भी व्यापक बदलाव लाने के पक्षधर थे। उन्होंने इस बात पर बल दिया कि मैं इस देश की भूमि पर ऐसे समाज की संकल्पना देखना चाहता हूं, जिसमें किसी व्यक्ति से कोई भी भेद-भाव न किया जाए। इस बदलाव के लिए उन्होंने समाज को जाग्रत करने की भरपूर कोशिश की। उन्होंने सम्पन्न लोगों से निवेदन किया कि उन्हें भारत के पुनरुत्थान के लिए और अभावग्रस्त लोगों की मदद के लिए आगे आना चाहिए, इसलिए उन्होंने कहा भी—*"जब तक हमारे बीच ऐसी असमानता मौज़ूद है कि किसी के पास अत्यधिक है और किसी को अभाव, तब तक तो यही कहा जा सकता है कि हम चोरी ही कर रहे हैं।"*[2]

गांधीजी इस बात को भली-भांति जानते थे कि उस समय के भारत के कल्याण के लिए, गांवों का विकास किया जाना बहुत ही आवश्यक था। इसलिए उन्होंने आधुनिकीकरण के सन्दर्भ में स्पष्ट रूप से कहा कि यदि इसके द्वारा हमारे गांवों में काम करने वाले श्रमिक वर्ग का नुक़सान होता है तो हमें इससे बचकर चलना होगा या फिर इस प्रक्रिया को बहुत सोच-समझकर अपनाना होगा। उन्होंने गांवो के विकास के लिए हमेशा लघु और कुटीर उद्योगों की स्थापना पर बल दिया। इसलिए उन्होंने कहा—*"बच्चों को दस्तकारी सिखाई जाए, उसी के माध्यम से उसे शरीर, मन और आत्मा—तीनों की शिक्षा दी जाए। इस दस्तकारी की सभी क्रियाएं सिखाते हुए शिक्षक को—बच्चों में जो भी गुण हैं, उन सबको प्रकाश में ले आना है। बच्चों को इतिहास, भूगोल, गणित आदि के जो भी पाठ सिखाने हैं, सभी इसी दस्तकारी से सम्बद्ध होंगे।"*[3]

---

1. सम्पूर्ण गांधी वाङ्मय (खण्ड 6), पृ. 350
2. महात्मा गांधी : जीवन और चिन्तन, पृ. 369

गांधीजी ने कहा कि हाथ से पीसना, हाथ से कूटना और पछोरना, साबुन बनाना, काग़ज़ बनाना, दियासलाई बनाना, चमड़ा बनाना, तेल पेरना और इस तरह के दूसरे सामाजिक जीवन के लिए ज़रूरी और महत्त्व के धंधों के बिना गांवों की आर्थिक रचना संपूर्ण नहीं हो सकती। उन्होंने इस बात पर बल दिया कि भारत के गांवों में इस प्रकार के उद्योगों की स्थापना होनी चाहिए, जिनमें पूंजी तो कम लगे और श्रम की अधिक आवश्यकता हो, ताकि हमारी ग़रीब जनता को व्यापक स्तर पर रोज़गार प्राप्त हो सके। गांधीजी ने इस बात पर बल दिया कि औद्योगीकरण का उद्देश्य केवल कुछ लोगों को लाभ पहुंचाना नहीं होना चाहिए, बल्कि इसके द्वारा भारत के अधिसंख्यक ग़रीब और मज़दूर तबके से सम्बन्ध रखने वाले लोगों को भी रोज़गार प्राप्त होना चाहिए। उन्होंने कहा भी है—*"मैं थोड़े मनुष्यों के हाथों में धन का केन्द्रीयकरण पसंद नहीं करता, बल्कि वह सारे लोगों के पास हो। आज के कल-पुरजे थोड़े-से लोगों को लखपति होने में सहायता करते हैं। इसकी पृष्ठ-प्रेरणा परिश्रम बचाने या परोपकार नहीं, बल्कि एक लोभ है। वह वस्तुओं के इस विधान के विपरीत है, जिसके लिए मैं अपनी पूर्ण शक्ति से लड़ रहा हूं।"*[4]

स्त्रियों के कल्याण पर बल

गांधीजी इस बात को जानते थे कि अपने लक्ष्य की प्राप्ति के लिए उन्हें सामाजिक स्तर पर जो मान्यता प्राप्त करनी है, उसके साथ स्त्रियों की ताक़त को जोड़ना भी बेहद आवश्यक है। उन्हें यह आभास हुआ कि इस देश में दो वर्गों के प्रति, एक तो अछूत और दूसरी स्त्रियां, समाज की मान्यताएं ठीक नहीं हैं। पूरा विश्व आगे बढ़ रहा है और हम आज भी अपनी दकियानूसी सोच और परम्पराओं की बेड़ियों के नाम पर एक सीमित दायरे में क़ैद हैं। लड़कियों को न तो स्कूल जाने की इज़ाजत है और न ही समाज के प्रति उनकी रचनात्मक भूमिका के प्रति कोई जागृति है, बल्कि विधवा विवाह से लेकर सती-प्रथा तक अनेक ऐसी कुरीतियों ने, जिन्होंने भारतीय स्त्री की शक्ति को जड़ कर दिया

---

3. सम्पूर्ण गांधी वाङ्मय (खण्ड 67), पृ. 129
4. विद्यार्थियों से, पृ. 15

है। इसलिए इस संदर्भ में उन्होंने कहा कि स्त्री को अपना मित्र या साथी मानने के बदले पुरुष ने अपने को उसका स्वामी माना है। कांग्रेसवालों का यह ख़ास कर्तव्य है कि हिन्दुस्तान की स्त्रियों को इस गिरी हुई हालत से ऊपर उठायें। गांधीजी ने स्त्रियों के संदर्भ में कहा–*"स्त्रियां तो त्याग, दया और अहिंसा की मूर्ति हैं। जहां कुछ लोग अहिंसा-धर्म को केवल बुद्धि से ही समझते हैं, वहां स्त्रियों के लिए, वह एक ऐसी वस्तु है–जिसे वे जन्म से ही जानती हैं। पुरुष तो बहुत थोड़ी ज़िम्मेदारी उठाकर ही अपने को कृतकार्य मान लेता है, किन्तु बहनों को तो पति की, बालकों की तथा परिवार के अन्य सदस्यों की सेवा करनी पड़ती है।"*[5]

गांधी जी ने केवल स्त्रियों के कल्याण पर ही बल नहीं दिया बल्कि उन्हें उनके कर्तव्य का बोध भी करवाया। उनकी मान्यता थी कि भारत की स्त्री संसार की अन्य स्त्रियों के समान नहीं है, उसकी क्षमताएं और उसका स्वरूप कुछ भिन्न है। उसकी भूमिका समाज को एक सकारात्मक और महत्त्वपूर्ण दिशा दे सकती है। उन्होंने स्त्रियों से भी आग्रह किया कि वे रचनात्मक कार्यों पर बल दें। स्त्री शक्ति के संदर्भ में उन्होंने कहा है–*"स्त्री में यदि विनाश की शक्ति है, तो कल्याण की भी शक्ति उसके अन्दर छिपी हुई है। मेरी यही कामना है कि वह अपनी उस कल्याणकारी शक्ति की पहचाने। यदि वह ऐसा सोचना बन्द कर दे कि वह कमज़ोर और पुरुषों के खेलने की गुड़िया बनने के ही योग्य है, तो वह अपने लिए और पुरुष के लिए भी–चाहे पुरुष उसका पिता हो या पुत्र अथवा पति, संसार को अधिक सुखमय बना सकती है।"*[6]

उपरोक्त वाक्य में, गांधीजी की सही पृष्ठभूमि का निर्माण करने की कला के दर्शन होते हैं। जब भी हम किसी व्यक्ति को प्रोत्साहित करके, उससे कुछ नवीन रचना करवाना चाहते हैं, तो सबसे पहले उस व्यक्ति को अपने उद्देश्य के प्रति मानसिक रूप से सहमत करें। इस मानसिक सहमति के लिए, सही पृष्ठभूमि का निर्माण किया जाना बहुत ही महत्त्वपूर्ण है। एक सफल 'मैनेजमेंट' गुरु के लिए भी यह आवश्यक है कि वह इस पृष्ठभूमि निर्माण की कला में दक्ष हो, जिससे उसे अपने निर्धारित लक्ष्यों की प्राप्ति आसानी से हो सके।

---

5. सम्पूर्ण गांधी वाङ्मय (खण्ड 43), पृ. 181

सबको साथ लेकर चलने की कला

मैंने पहले भी कहा है कि एक सफल 'मैनेजमेंट' कर्मी के लिए यह आवश्यक है कि वह अपने भीतर ऐसे गुणों का विकास करे, जिनके द्वारा वह सभी को एक साथ लेकर चलने की कला में दक्षता प्राप्त कर सके। इसके लिए सबसे पहले उसे स्वयं को तैयार करना होगा। जब तक हम दूसरों का सम्मान नहीं करेंगे, तब तक दूसरे भी हमारे प्रति आदर का भाव नहीं रखेंगे। मानवीय गुणों के विकास के बिना, आप अपने आपको समाज में प्रतिष्ठापित नहीं कर सकते। मेरा मानना है कि हमारे समाज में दो तरह के व्यक्ति पाये जाते हैं। कुछ व्यक्ति तो ऐसे होते हैं, जो आपके व्यवहार के अनुसार तुरंत ही अपनी प्रतिक्रिया व्यक्त कर देते हैं। इसके विपरीत कुछ व्यक्ति ऐसे भी होते हैं जो तुरंत प्रतिक्रिया व्यक्त नहीं करते, बल्कि आपके व्यवहार के अनुसार, भविष्य के लिए अपना आचरण निर्धारित कर लेते हैं। यदि आप एक सफल 'मैनेजमेंट' कर्मी के रूप में अपनी पहचान बनाना चाहते हैं तो आपको अपने भीतर उन गुणों का विकास करना होगा, जिनके कारण आपके प्रशंसकों और आपका अनुसरण करने वालों की संख्या में निरन्तर वृद्धि हो। मुझे लगता है कि समाज में शायद ही कोई ऐसा व्यक्ति होगा, जिसके विरोधी न हों। विरोधियों का होना महत्त्वपूर्ण नहीं है, बल्कि महत्त्वपूर्ण तथ्य यह है कि आप अपने कार्यों के द्वारा समर्थक अधिक बना रहे हैं या विरोधी। यदि आपकी कार्य-शैली इस प्रकार की है कि नब्बे प्रतिशत लोग आपकी कार्य-पद्धति का समर्थन कर रहे हैं और दस प्रतिशत विरोध, तो आपको अपनी कार्य पद्धति के द्वारा, इस बात की कोशिश करनी चाहिए कि आप इन दस प्रतिशत की मानसिकता को भी अपने विचारों के अनुसार परिवर्तित कर दें। इसके विपरीत यदि आपके समर्थक कम हों और विरोधी अधिक हों तो फिर आपको अपनी कार्य-पद्धति पर, फिर से विचार करना चाहिए। गांधीजी ने हमेशा इस विचार पर बल दिया। उन्होंने कहा कि जैसा व्यवहार हम दूसरों से चाहते हैं, हमें स्वयं भी वैसा ही व्यवहार करना चाहिए– *"जब तक मैं इस स्थिति को स्वीकार नहीं करता कि सभी धर्म समान हैं और जब तक मेरे मन में दूसरे धर्मों के प्रति भी वैसा ही सम्मान का भाव नहीं जगता–जैसा*

---

6. सम्पूर्ण गांधी वाङ्मय (खण्ड 64), पृ. 35-36

अपने धर्म के प्रति है, तब तक अपने चारों ओर के इस घोर संघर्षमय वातावरण में जीवित ही नहीं रह सकता।''[7]

विपरीत स्थितियों में सद्भाव का प्रयास

गांधीजी ने कहा है कि–*''जो मात्र अपने अथवा अपनी जाति के कल्याण की ही कामना करता है, वह स्वार्थी है–और उसका कल्याण कभी नहीं होता।''*[8]

गांधीजी के उपरोक्त कथन की रोशनी में आप भारत के विभाजन के समय, उनके द्वारा किये गये कार्यों और उनकी मानसिकता को समझ सकते हैं। उन्होंने अपने अनुभवों और समय से हमेशा सीखने की कोशिश की। एक बार एक व्यक्ति ने उनसे कहा था कि कुछ विषयों पर आपने अलग-अलग स्थानों पर अलग-अलग विचार प्रकट किये हैं, इस पर गांधीजी ने कहा था कि मैं निरंतर सीखने की कोशिश करता रहता हूं, इसलिए जब कभी मैं अपने पुराने विचारों से असहमत लगूं तो मेरे बाद में कहे गये विचार को सही माना जाए। क्योंकि पुराने विचार से नये विचार तक पहुंचने की प्रक्रिया में मैंने कुछ और भी अनुभव और ज्ञान हासिल कर लिया है। अपनी इसी सीखने की प्रवृत्ति के संदर्भ में उन्होंने कहा है कि यदि सब शिक्षक बन गये तो शिष्य कौन बनेगा, इसलिये हम सब शिष्य बनें। उन्होंने इस कथन को केवल कहा ही नहीं, बल्कि इसका पालन भी किया। उन्हें जब भी कुछ नया सीखने को मिल जाता था, वह उसे जानने और सही लगने पर अपने जीवन में उतारने की कोशिश करते थे। एक सफल 'मैनेजमेंट' कर्मी के लिए यह आवश्यक है कि वह शिक्षक भी बने और शिष्य भी। उसे दूसरों तक अपने विचार सम्प्रेषित करते समय, एक आदर्श शिक्षक की भांति अपने धर्म का पालन करना चाहिए और स्वयं के ज्ञान में निरन्तर वृद्धि करने के लिए हमेशा एक आदर्श शिष्य के रूप में रहना चाहिए। निरंतर ऐसा करके ही वह सही पृष्ठभूमि का निर्माण कर सकता है।

जिस समय भारत विभाजन के बाद, दोनों तरफ़ हिंदुस्तान में भी और पाकिस्तान में भी, साम्प्रदायिक दंगों की आग भड़क रही थी और कुछ

---

7. सम्पूर्ण गांधी वाङ्मय (खण्ड 64), पृ. 229
8. सम्पूर्ण गांधी : जीवन और चिन्तन, पृ. 368

तथाकथित नेता अपने उग्र वक्तव्यों से उस आग में घी डालने का कार्य कर रहे थे। उस समय भी गांधीजी की यह कोशिश थी कि किसी भी तरह, दोनों तरफ़ शांति स्थापित होनी चाहिए। किसी भी प्रकार प्रेम, शांति और भाई-चारे की भावना के द्वारा सौहार्द्र का वातावरण पुनः स्थापित होना चाहिए। उन्होंने परस्पर फैल रहे द्वेष को मिटाने के लिए लोगों को सद्भाव का संदेश देते हुए अनुरोध किया–*"अगर हम यह स्मरण रखें कि जीवन एक है, तो फिर कोई कारण नहीं है कि हम एक-दूसरे को अपना शत्रु समझें। हर हिंदू कुरान पढ़े और हर मुसलमान वेद, गीता और सिखों के ग्रंथ साहब का मतलब समझने की कोशिश करे। जिस तरह हम अपने धर्म का सम्मान करते हैं, उसी तरह हमें दूसरों के धर्म का भी सम्मान करना चाहिए। जो सत्य और न्याय-संगत है, वह सत्य और न्याय-संगत रहेगा चाहे वह संस्कृत में लिखा हो, या उर्दू में या फारसी में, या किसी और भाषा में।"*[9]

किसी भी 'मैनेजमेंट' गुरु के लिए यह आवश्यक है कि वह अपने विचारों को प्रतिपादित करने से पहले, सही पृष्ठभूमि का निर्माण करे। उसके बाद उन्हें उचित परिप्रेक्ष्य के प्रस्तुत करे ताकि उसके विचारों की प्रभावोत्पादकता और उसके द्वारा निर्धारित लक्ष्य प्राप्ति के लिए, उचित माहौल का निर्माण हो सके। गांधी जी ने अपनी नीतियों को लागू करते समय हमेशा इस बात पर बल दिया कि सही पृष्ठभूमि का निर्माण करने के बाद ही, अपनी नीतियों को प्रतिपादित किया जाना चाहिए। गांधी जी की नीतियों से प्रेरणा लेकर इन बातों को अपने जीवन में आज से ही उतारें–

- *नीतियों को लागू करने से पहले सही पृष्ठभूमि बनायें।*
- *लक्ष्य प्राप्ति के लिए आवश्यक लोगों का सहयोग लें।*
- *सबको उनका श्रेष्ठ करने के लिए प्रेरित करें।*
- *सहयोगियों के साथ परस्पर सद्भाव का वातावरण बनाकर रखें।*

9. फ्रीडम एट मिडनाइट, पृ. 440

17

स्वास्थ्य के प्रति सजगता

मैं मानता आया हूं और आज भी मानता हूं कि कितना ही काम होने पर भी जैसे हम खाने का समय निकालते हैं, वैसे ही व्यायाम का भी निकालना चाहिए। मेरी नम्र सम्मति में इससे देश की सेवा कम नहीं, बल्कि कुछ अधिक ही होती है।'

–माई एक्सपेरिमेंट विद् ट्रूथ, पृ.225

स्वास्थ्य के प्रति सजगता

एक इंसान दुनिया में चाहे जितना धन कमा सकता है, लेकिन अगर वह अपनी सेहत और परिवार खो देता है तो उसके द्वारा कमाया गया धन, किस क़ाबिल है? आज पूरे संसार में धन के प्रति जो लिप्सा जागृत हो गई है, उसकी वजह से अधिकांश लोग केवल अधिक धन कमाने के लिए ही अपना कार्य कर रहे हैं। वह हर क़ीमत पर अधिक से अधिक धन कमाना चाहते हैं। चाहे इसके लिए उन्हें कितनी भी क़ीमत चुकानी पड़े। लेकिन यह उचित नहीं है। मनुष्य अपनी ज़िंदगी में जो कुछ भी अर्जित करता है, यदि वह शारीरिक रूप से उसका उपभोग करने की स्थिति में नहीं रह पाता तो उसके इस अर्जन का भी कोई महत्त्व नहीं है। मैंने अपनी ज़िंदगी में ऐसे अनेक लोग देखे हैं, जिन्होंने धन के चक्कर में अपनी सेहत गवां दी और बाद में वह उस अर्जित धन से अपनी गंवाई एक चीज़ भी प्राप्त नहीं कर सके।

एक दार्शनिक ने कहा है कि परमात्मा जिसकी खाने की थाली सोने की कर देता है, उसका भोजन भिखारियों का कर देता है। हमारे समाज में आज ऐसे व्यक्ति बहुतायत मात्रा में पाये जाते हैं, जिनके पास तमाम भौतिक संसाधन उपलब्ध हैं। लेकिन उनका शरीर इन संसाधनों का उपभोग करने की स्थिति में नहीं है। इसलिए, हम चाहे किसी भी क्षेत्र में कार्य करें, लेकिन हमें अपने स्वास्थ्य के प्रति हमेशा सजग रहना चाहिए। गांधीजी ने इस क्षेत्र में भी आदर्श उदाहरण प्रस्तुत किया है। उन्होंने अपनी दिनचर्या को हमेशा व्यवस्थित रखने की कोशिश की। जिन चीज़ों से उनके स्वास्थ्य को हानि पहुंच सकती थी, उनसे लगातार बचाव किया। जब कोई भी व्यक्ति सावर्जनिक जीवन में अतिरिक्त व्यस्त होने लगता है तो उस समय उसकी दिनचर्या भी अव्यवस्थित होनी शुरू हो जाती है। लेकिन आप यह कहकर अपना बचाव नहीं कर सकते कि मैं क्या करूं, मेरी तो दिनचर्या ही ऐसी है? आप किसी भी क्षेत्र में रहें, कैसी भी दिनचर्या के

अनुसार दिन बिताएं, लेकिन यदि आप चाहें तो अपने स्वास्थ्य का ध्यान रख सकते हैं। इस संदर्भ में गांधी जी ने कहा है–*"मैं मानता आया हूं और आज भी मानता हूं कि कितना ही काम होने पर भी जैसे हम खाने का समय निकालते हैं, वैसे ही व्यायाम का भी निकालना चाहिए। मेरी नम्र सम्मति में इससे देश की सेवा कम नहीं, बल्कि कुछ अधिक ही होती है।"*[1]

उचित संसाधनों के प्रयोग पर बल

एक सफल 'मैनेजमेंट' गुरु के लिए यह आवश्यक है कि वह दूसरों को तो श्रेष्ठ करने के लिए प्रेरित करे ही, साथ-ही-साथ स्वयं भी उन नियमों का पालन करे। जिनसे उसको शारीरिक रूप से स्वस्थ रहने में सफलता मिले। भारत की आज़ादी से पहले, हमारे पास चिकित्सा सम्बन्धी अत्याधुनिक उपकरण और दवाइयों की भारी कमी थी। देश में अनेक स्थानों पर विभिन्न महामारियों का प्रकोप लगातार फैलता रहता था। जिसकी वजह से हज़ारों लोग एक साथ महामारी की चपेट में आकर मृत्यु का शिकार हो जाते थे। गांधी जी ने इस बात पर बल दिया कि हमें अपनी मृत्यु दर पर रोक लगानी होगी और सजग रहते हुए, उपलब्ध संसाधनों का प्रयोग करके स्वास्थ्य के प्रति जागरूकता का अभियान चलाना होगा। उन्होंने कहा–*"हमारे देश की दूसरे देशों से बढ़ी-चढ़ी मृत्यु-संख्या का ज़्यादातर कारण निश्चय ही वह ग़रीबी है, जो देशवासियों के शरीर को कुरेदकर खा रही है; लेकिन अगर उनको तन्दुरुस्ती के नियमों की ठीक-ठीक तालीम दी जाये, तो उसमें बहुत कमी की जा सकती है। जब बीमार पड़ें, तब अच्छे होने के लिए अपने साधनों की मर्यादा के अनुसार प्राकृतिक चिकित्सा करें।"*

इच्छा शक्ति का कमाल

गांधीजी की सबसे बड़ी शक्ति उनकी "विल पावर" थी। वह जो संकल्प ले लेते थे, उसे हर स्थिति में पूरा करने की कोशिश करते थे। गांधीजी के जीवन की अनेक घटनाओं में स्वास्थ्य के प्रति उनकी सजगता के उदाहरण दिखाई पड़ते

---

1. माई एक्सपेरिमेंट विद टूथ, पृ. 225

हैं। एक़ बार कस्तूरबा एक भयंकर बीमारी से ग्रस्त हो गईं। गांधीजी ने विभिन्न प्रकार के उपचार करके देख लिए लेकिन उन्हें स्वास्थ्य लाभ नहीं हो रहा था। तब उनके एक परिचित चिकित्सक ने कहा कि यदि 'बा'[2] नमक और दाल का सेवन बंद कर दें तो इससे उन्हें निश्चित रूप से लाभ होगा। गांधी जी ने कस्तूरबा से कहा कि तुम नमक और दाल का सेवन बिल्कुल बंद कर दो, इससे तुम्हें स्वास्थ्य लाभ होगा। कस्तूरबा ने उनसे कह दिया कि तुम तो कुछ भी कह देते हो। लेकिन ज़रा सोचकर देखो कि क्या दाल और नमक छोड़ना इतना आसान है? इस पर गांधीजी ने उनसे कहा कि यदि तुम्हें ऐसा लगता है कि यह बहुत ही कठिन है, तो जाओ मैंने आज से छोड़ दिया। बाद में कस्तूरबा ने उनसे विनंती की कि आप अपनी प्रतिज्ञा वापस ले लें। तो उन्होंने कहा—*"प्रतिज्ञा को वापस ले लेना मुझसे नहीं हो सकता। मुझे तो लाभ ही होगा। आदमी चाहे किसी निमित्त से संयम का पालन करे, उससे उसकी भलाई ही होती है।"*[3]

किसी भी 'मैनेजमेंट' गुरु के लिए यह आवश्यक है कि वह अपने स्वास्थ्य के लिए सजग रहे, दूसरों को भी इस बात के लिए प्रेरित करे कि हमें विभिन्न कार्यों के साथ सामंजस्य स्थापित करते हुए, किसी भी स्थिति में अपने स्वास्थ्य के साथ समझौता नहीं करना है। इसके लिए स्वयं के भीतर प्रबल इच्छा शक्ति का होना बहुत आवश्यक है। हमें उन चीज़ों का उपभोग नहीं करना चाहिए, जो हमारे स्वास्थ्य के प्रतिकूल हों। इसके अतिरिक्त सकारात्मक विचार, प्रफुल्लित मन और निरन्तर व्यायाम से भी शारीरिक क्षमताओं में वृद्धि होती है। गांधी जी ने अपनी जीवन-शैली से इस क्षेत्र में अनेक सटीक़ उदाहरण प्रस्तुत किए हैं। उनसे प्रेरणा लेकर, अपने जीवन में इन बातों को आज से ही लागू करें—

- *स्वास्थ्य के प्रति हमेशा सजग रहें।*
- *खान-पान और दिनचर्या को संतुलित रखें।*
- *हर स्थिति में व्यायाम के लिए समय निकालें।*
- *अपनी इच्छा शक्ति और जिजीविषा को कमजोर न पड़ने दें।*

❑❑

---

2. गांधीजी की धर्मपत्नी को 'बा' और कस्तूरबा कहकर पुकारा जाता है।
3. माई एक्सपेरिमेंट विद ट्रूथ, पृ. 308

18

आध्यात्मिक चेतना का विकास

मैं सत्य का विनम्र सेवक हूं। मैं आत्मज्ञान प्राप्त करने को अधीर हूं। मैं इसी जीवन में मोक्ष चाहता हूं। मेरी राष्ट्र-सेवा मेरी आध्यात्मिक साधना है, जिसके द्वारा मैं अपनी आत्मा को शरीर के बन्धन से मुक्त करना चाहता हूं। विश्व के नश्वर राज्य की मुझे कामना नहीं है। मैं तो उस स्वर्गराज्य के लिए साधना में लीन हूं, जिसे मुक्ति कहते हैं। अपने ध्येय की प्राप्ति के लिए मुझे किसी गुफा में जाने की आवश्यकता नहीं दिखती। गुफा तो मेरे भीतर ही मौजूद है, यदि उसे मैं जान पाऊं।

–यंग इण्डिया, 3-4-1924

आध्यात्मिक चेतना का विकास

गांधीजी ने अपने जीवन काल में गीता, कुरान, रामायण, बाइबिल आदि अनेक धार्मिक ग्रंथों का अध्ययन किया। उन्होंने श्रीमद्‌भगवद् गीता और उपनिषदों से कर्मयोग की शिक्षा ग्रहण की। गांधीजी के आचार-विचार, व्यवहार, दर्शन और सोच पर इन धार्मिक ग्रंथों का बड़ा व्यापक प्रभाव पड़ा। इसी प्रभाव के कारण गांधीजी ने अपने जीवन में सत्य, अहिंसा और सत्याग्रह जैसे मार्ग का अनुसरण किया।

गांधीजी में अपरिग्रह और त्याग की भावना भी इन्हीं धार्मिक ग्रंथों के प्रभाव के कारण उत्पन्न हुई थी। गांधी जी ने स्वयं कहा था–"गीता को मैं सत्य दर्शन के लिये अद्बितीय पुस्तक मानता हूं।" "व्यक्ति को काम करने का अधिकार है, उसे उसके परिणाम का अधिकार नहीं।" गांधीजी को समझने के बाद, आप निश्चित रूप से इस मत पर पहुंच जायेंगे कि गांधीजी के विचारों पर 'श्रीमद्‌भगवद् गीता' का सर्वाधिक प्रभाव था। उन्होंने गीता का केवल अध्ययन ही नहीं किया बल्कि उसे व्यावहारिक रूप में अपने जीवन में भी उतारा।

ईसामसीह के विचारों और उपदेशों का भी गांधीजी पर व्यापक प्रभाव पड़ा। इसी कारण वह समझ सके कि बुराई को भलाई से, घृणा को प्रेम से, हिंसा को अहिंसा से और शत्रु को मित्रता से अपने पक्ष में किया जा सकता है।

गांधी जी बौद्ध धर्म से भी प्रभावित थे, इसलिए उन्होंने दया, प्रेम और अहिंसा का मार्ग अपनाया। महान दार्शनिक लियो टालस्टाय की 'जियो और जीने दो' तथा 'ईश्वर का साम्राज्य तुम्हारे भीतर है' आदि रचनाओं के कारण गांधीजी आध्यात्मिक पुरुष बनने में सफल रहे। गांधीजी के जीवन पर *टालस्टाय** का व्यापक प्रभाव था। गांधीजी अपने आप को टालस्टाय का शिष्य

मानते थे। उन्होंने कहा था "टालस्टाय, उन तीन व्यक्तियों में से एक हैं, जिन्होंने मेरे जीवन पर सबसे ज़्यादा आध्यात्मिक प्रभाव डाला है।"

प्रेम की महत्ता पर बल

गांधीजी ने अपने विरोधियों के ख़िलाफ भी कभी बहुत अधिक कठोर और अभद्र भाषा का प्रयोग नहीं किया, क्योंकि वह उन्हें भी ईश्वर की संतान मानते थे। उनका मानना था कि जो हमें प्रेम करते हैं, उनसे प्रेम करना तो आसान है, लेकिन हमारी असली परीक्षा तो उस समय है, जब हम उस व्यक्ति से भी प्रेम करने लगें, जो हमसे नफ़रत करता है। यह बात पढ़ने और सुनने में बहुत आसान है। लेकिन इस पर व्यावहारिक रूप से अमल किया जाना बहुत ही कठिन है। जब 'जलियांवाला बाग' में जनरल डायर ने गोलियां चलवाकर हज़ारों बेक़सूर लोगों को मौत के घाट उतरवा दिया, उस समय भी गांधीजी ने कहा था कि मैं ईश्वर से प्रार्थना करता हूं कि वह डायर जैसे व्यक्तियों को सदबुद्धि दे। यह बात प्रथम दृष्टि में बहुत अज़ीब लग सकती है, लेकिन जब आप इसके गहरे में जाकर सोचेंगे तो महसूस करेंगे कि किसी भी व्यक्ति में ऐसी बात कहने के लिए आत्मा का प्रकाश, बिना आध्यात्मिक चेतना के विकसित नहीं हो सकता। गांधी जी के भीतर जो महान आत्मा थी, उसकी विचार शक्ति और सोचने का स्तर इतना अधिक विस्तार पा चुका था कि एक सामान्य स्तर पर सोचने वाले व्यक्ति को, उनके विचार की आत्मा तक पहुंचने के लिए, अपने विचार के स्तर को ऊपर उठाना ही होगा। एक स्थान पर उन्होंने कहा है—*"जो हमें प्रेम करते हैं, उन्हीं से प्रेम करना अहिंसा नहीं है। जो हमसे नफ़रत और द्वेष करते हों—उनसे भी प्रेम करना ही वस्तुतः अहिंसा है। प्रेम के इस महत् नियम का पालन करना कितना कठिन है, यह मैं जानता हूं। लेकिन क्या सभी महान और अच्छी बातों पर अमल करना कठिन नहीं होता? द्वेष करने वाले से प्रेम करना सबसे कठिन बात है। परन्तु अगर हम करना चाहें, तो कठिन-से-कठिन बात भी ईश्वर की कृपा से आसान हो जाती है।"*[1]

लियो टालस्टाय रूस के प्रसिद्ध लेखक थे, जिन्होंने गांधीजी की आध्यात्मिक चेतना को सर्वाधिक प्रभावित किया।

जीवन का ध्येय

गांधीजी का मानना था कि प्रत्येक जीव में एक ही ईश्वर की सत्ता विद्यमान है। इसलिए उन्होंने समाज में व्याप्त भेदभाव, छुआछूत और अस्पृश्यता का जमकर विरोध किया। उन्होंने कहा कि यदि सभी जीवों में एक ही परमात्मा का अंश है तो फिर जाति और धर्म के आधार पर लोग भिन्न-भिन्न कैसे हो सकते हैं? उन्होंने सेवा को अपनी लक्ष्य प्राप्ति का साधन बनाया। उनका विचार था कि मैं दीन-दुखियों की सेवा करके, ईश्वरीय शक्ति की ही प्रार्थना कर रहा हूं। उन्होंने इन बातों को केवल कहा ही नहीं वरन अपने जीवन में पूरी तरह से लागू भी किया। उन्होंने कहा–*"जीवन का ध्येय बेशक खुद अपने को और आत्मा को पहचानना है। जब तक हम प्राणीमात्र के साथ एकता महसूस करना न सीख लें, तब तक आत्मा को पहचान नहीं सकते। इसीलिए हमें सबमें रहने वाले ईश्वर को जानना ज़रूरी है। ऐसा ज्ञान असीम और निःस्वार्थ सेवा से ही मिल सकता है।"*[2]

धर्म के संदर्भ में विचार

"सभी धर्म एक ही जगह पर ले जाने वाले अलग-अलग मार्गों की तरह हैं। अगर वे हमें अपने लक्ष्य पर पहुंचा देते हैं, तो फिर उनके अलग-अलग होने से क्या अन्तर पड़ता है? वस्तुतः तो जितने व्यक्ति, उतने ही धर्म भी हैं...जब तक अलग-अलग धर्म विद्यमान हैं, तब तक प्रत्येक धर्म के लिए किसी विशेष बाह्य प्रतीक की आवश्यकता भले ही हो, परन्तु जब वह बाह्य प्रतीक आडम्बर मात्र रह जाए और दूसरों के धर्म से अपने धर्म को श्रेष्ठ बताने के लिए उसका प्रयोग किया जाने लगे तो वह त्याज्य हो जाता है।"[3]

गांधीजी का उपरोक्त कथन यह स्पष्ट करता है कि उन्होंने सभी धर्मों का समान आदर किए जाने पर बल दिया। उनका मानना था कि यदि हमारे भीतर मानवीयता नहीं है तो हम किसी भी धर्म का ठीक तरह से पालन नहीं कर

---

1. महात्मा गांधी : जीवन और चिंतन, पृ. 370
2. सम्पूर्ण गांधी वाङ्मय (खण्ड 50), पृ. 78

सकते। उन्होंने कहा कि यदि हम सभी धर्मों के प्रति आदर की दृष्टि रखें तो अन्य लोग भी हमारे धर्म के प्रति श्रद्धा का भाव रखेंगे। सभी अलग-अलग धर्म उस एक सत्ता तक पहुंचने वाले अलग-अलग रास्ते हैं, पहुंचना तो सबको एक मंज़िल पर ही है। इसलिए, दूसरे धर्म की आलोचना या विरोध करना उचित नहीं है। इसके लिए हमें नीति का सहारा लेना पड़ेगा। वह नीति भी ऐसी होनी चाहिए, जिसके द्वारा हम भलाई के रास्ते पर चल सकें। उन्होंने कहा है– *"नीति के बिना धर्म टिक नहीं सकता। सच्ची नीति में धर्म का बहुत कुछ समावेश हो जाता है। जो लोग अपने स्वार्थ के लिए नहीं, बल्कि नीति के लिए ही नीति-नियमों का पालन करते हैं, उन्हें धार्मिक कहा जा सकता है।"*[4]

धर्म के संदर्भ में गांधी जी के प्रमुख विचार इस प्रकार हैं–

- *धर्म तो जुदा-जुदा रास्ते हैं जो एक ही जगह जाकर मिलते हैं। अगर हम एक ही मकसद (ध्येय) तक पहुंचे, तो अलग-अलग रास्तों पर चलने से क्या नुक़सान है।*
- *वह धर्म जो व्यावहारिक मामलों पर ध्यान नहीं देता और उन्हें सुलझाने में सहायक नहीं, धर्म नहीं है।*
- *धर्म की परीक्षा ही दुःख में होती है।*
- *संकट के समय धर्म मनुष्य को उबार लेता है।*
- *जिनमें बचपन से धार्मिक संस्कार डाले जाते हैं उनमें श्रद्धा, विश्वास आदि सद्गुणों का विकास होता है।*
- *धर्म भगवान तक पहुंचाने का सेतु (पुल) है।*
- *हमारा सबसे बड़ा धर्म है, आत्मा का ज्ञान प्राप्त करना। चाहे धन, मान, कुटुम्ब और प्राणों तक का त्याग करना पड़े पर धर्म को कदापि न छोड़ा जाए।*
- *धर्महीन मनुष्य बिना पतवार की नाव के समान है।*

---

3. महात्मा गांधी : जीवन और चिन्तन, पृ. 358-59
4. सम्पूर्ण गांधी वाङ्मय (खण्ड 62), पृ. 269

ईश्वरीय शक्ति पर घोर आस्था

गांधीजी ने कहा है कि सत्य तो एक देवी शक्ति है, इसे यूं भी कहा जा सकता है "सच ही भगवान है"। भीतर से ईश्वर के प्रति पूरी आस्था रखते हुए और हिन्दू धर्म का पालन करते हुए भी, उन्होंने सदा छुआछूत और अस्पृश्यता का भरपूर विरोध किया। यह उनकी बहुत बड़ी ताक़त थी। गांधीजी ने मानवीयता को ही अपना धर्म स्वीकार किया। उन्होंने कहा कि धर्म वह है, जो हमें अपना कर्तव्य सिखाता है। यह केवल जनता पर ही नहीं वरन शासकों पर भी लागू होता है। गांधीजी ने सत्याग्रह को एक शक्तिशाली हथियार के रूप में इस्तेमाल किया। उन्होंने मौन और व्रत की शक्ति के द्वारा अनेक बार विपरीत स्थितियों को अपने पक्ष में कर लिया। उनका आश्रम केवल एक आध्यात्मिक केन्द्र नहीं था। वहां पर समाज-सेवा, ग्रामीण-सेवा, अशिक्षितों को शिक्षित करने के उपाय, प्रारम्भिक शिक्षा, छुआछूत, भेदभाव, हिंसा आदि को समाप्त करने के लिए आवश्यक प्रशिक्षण दिया जाता था।

ईश्वरीय शक्ति के प्रति गांधीजी की भरपूर आस्था थी, इसलिए उनके भीतर जो आध्यात्मिक चेतना थी, वह निरंतर विकसित हो रही थी। जब आपकी आस्था ईश्वर के प्रति होती है, तब आप बहुत सारे ग़लत कार्य करने से बच जाते हैं। इसके साथ-साथ यह विषम और विपरीत स्थिति में आपकी आत्मा को भी बल प्रदान करती है। गांधीजी ने स्वयं कहा है–*"समस्त मानसिक दुर्बलताओं का मूल एक ही होता है और वह है, ईश्वर के प्रति हमारा अविश्वास। मुंह से ईश्वर का नाम लेना अथवा रूढ़ि के वश होकर देवदर्शन इत्यादि करना हमारी आस्तिकता का चिह्न नहीं है। ईश्वर के प्रति विश्वास हृदयगत वस्तु होनी चाहिए और यह बात जिसके हृदय में बैठ गई हो, उसे अन्य किसी को सन्तुष्ट करने की कोई ज़रूरत नहीं होती। जिसने ईश्वर को सन्तुष्ट किया, वह जीत गया और जिसने उसे नहीं पहचाना, वह हज़ारों को सन्तुष्ट करने के बावज़ूद हार गया है, क्योंकि एक-एक व्यक्ति को सन्तुष्ट करने के लिए, मनुष्य को अपने आपको खोना पड़ता है।"*[5]

गांधीजी मानते थे कि सत्य तो ईश्वर तक पहुंचने का एक रास्ता है। सम्भव है कि उसका प्रभाव कुछ समय के लिए ख़राब लगे, लेकिन जो सही है, उसे कड़वाहट के साथ भी स्वीकार करना पड़ेगा। उनका मानना था कि जब बाक़ी सब समाप्त हो जायेगा, सत्य और प्रेम उसके बाद भी ज़िन्दा रहेंगे। आप किसी भी भय और हिंसा के द्वारा इन्हें समाप्त नहीं कर सकते। इसलिए उन्होंने कहा—*"मैं आपसे इतना कह सकता हूं कि जितना मुझे इस बात का विश्वास है कि आप और मैं इस कमरे में बैठे हुए हैं—इससे कहीं ज़्यादा मेरा विश्वास ईश्वर मैं है, मैं यह भी कह सकता हूं कि मैं हवा और पानी के बिना तो जीवित रह सकता हूं—पर ईश्वर के बिना ज़िन्दा नहीं रह सकता। आप मेरी आंखें निकाल लें, पर इससे मैं मर नहीं सकता। आप मेरी नाक काट डालें, इससे भी मैं मरूंगा नहीं। लेकिन आप ईश्वर पर से विश्वास उठा दें, तो मैं इसी क्षण मर जाऊंगा। आप भले ही इसे अन्धविश्वास कहें, लेकिन मैं इस बात को पूरे मन से स्वीकार करता हूं कि यह एक ऐसा अन्धविश्वास है—जिसे मैं बड़े प्रेम से छाती से चिपटाए हुए हूं।"*[6]

गांधीजी का दर्शन आध्यात्मिक पहलू पर सबसे ज़्यादा जोर देता है। गांधी जी ने सुकरात से सत्याग्रही बनने की प्रेरणा प्राप्त की। सुकरात संसार में पहले व्यक्ति थे, जिन्होंने सत्य के लिये ज़हर पीकर अपनी मृत्यु को गले लगाया था। इस घटना से गांधी जी प्रभावित हुए। इसी तरह हेनरी डेविड थोरो के विचारों से भी गांधी जी प्रभावित हुए। गांधीजी को सत्याग्रह का विचार, उन्हीं से प्रेरणा स्वरूप प्राप्त हुआ था। गांधीजी को सहयोग और असहयोग की नीतियों की प्रेरणा 'थोरो' से प्राप्त हुई थी।

ईश्वरीय शक्ति के संदर्भ में गांधीजी के प्रमुख विचार इस प्रकार हैं—

- *जो ईश्वर को भूलता है, वह अपने को भूलता है।*
- *शुद्ध हृदय से निकला हुआ वचन कभी निष्फल नहीं होता।*
- *शरीर को बचाने के लिए बहुत उद्यम करता हूं, आत्मा को पहचानने के लिये इतना करता हूं क्या?*

---

5. सम्पूर्ण गांधी वाङ्मय (खण्ड 56), पृ. 192
6. सम्पूर्ण गांधी वाङ्मय (खण्ड 67), पृ. 83

- *सच्ची रोशनी भीतर से पैदा होती है।*
- *ईश्वर हरेक के हृदय में है और इस कारण हरेक हृदय ईश्वर-मन्दिर है।*
- *अगर हरेक हृदय में ईश्वर है, तो हम किसका तिरस्कार करें?*
- *बग़ैर भीतर की शांति के बाहरी शांति किसी काम की नहीं है।*
- *जो मनुष्य अपने दुःखों को गाता है, वह उसे चौगुना करता है।*
- *जब तक हमें भीतर से रोशनी नहीं मिलती है, हम कुछ सही नहीं कर पाते हैं।*
- *अगर भीतरी बत्ती जले तो सारे जगत को प्रकाश देती है।*
- *जिसमें शांति व दृढ़ता नहीं, वह ईश्वर को नहीं पा सकता है।*
- *आदमी अपनी भीतरी आवाज़ को कभी न दबाये, भले ही वह अकेला हो।*
- *आत्मा का दर्शन जितना होता है उतना ही मनुष्य आगे बढ़ता है।*
- *सच्ची दुर्बलता बाहरी नहीं है, अन्तर की ही है।*

गांधीजी ने हमेशा अपने समय का भरपूर उपयोग किया। आध्यात्मिक चेतना के कारण उनके भीतर दृढ़ निश्चय और आत्मविश्वास की प्रबल शक्ति का संचार हो गया था। इस शक्ति के कारण ही वह विषम से विषम स्थितियों में भी अपना संयम नहीं छोड़ते थे। किसी भी 'मैनेजमेंट' कर्मी के भीतर, यदि अन्य गुणों के साथ-साथ आध्यात्मिक चेतना का भी विकास हो जाए तो इससे उसकी क्षमताओं और आत्मविश्वास में वृद्धि ही होगी। इसलिए इन बातों को आज से ही अपने जीवन में उतारें–

- ईश्वरीय शक्ति के प्रति आस्था रखें।
- विपरीत स्थितियों में विचलित न हों।
- लक्ष्य प्राप्ति के लिए भरपूर प्रयास करें, असफल हो जाने पर संयम से काम लें। फिर दुबारा कोशिश करें।
- अपने कार्यों को शुद्ध हृदय और भरपूर क्षमताओं के साथ करें। ईश्वर पर विश्वास रखें कि जो सच्चे मन से कार्य करता है, ईश्वर उसकी मदद करते हैं।

❑❑

19

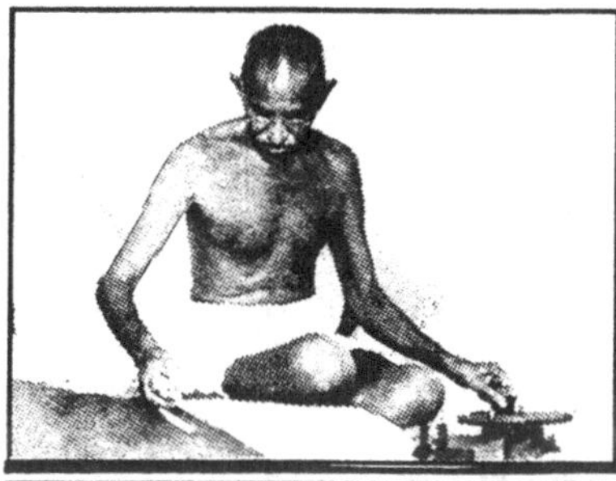

स्वयं की ग़लतियों की स्वीकारोक्ति

*"कल मैंने त्यागी जी की निंदा की थी। वह नाराज़ है। मुझसे भयंकर भूल हुई है कि तथ्य जांचे बग़ैर बात को सच मान लिया। मैं ग़लती की क्षमा चाहता हूं। हम सब तय करें कि अब से कोई बात परखे बग़ैर किसी नतीजे पर नहीं पहुंचेंगे। यही मेरी गलती का प्रायश्चित्त है।"**

–महात्मा गांधी

* गांधीजी ने यह विचार अपने प्रिय शिष्य महावीर त्यागी के संदर्भ में व्यक्त किये हैं।

स्वयं की ग़लतियों की स्वीकारोक्ति

कोई भी ग़लती करने पर, हमें उसे तुरंत और ख़ुशी से स्वीकार करना चाहिए। जब मैं ग़लती करूं, तो मुझमें इतनी शक्ति हो कि ख़ुद को बदल सकूं, और जब मैं सही करूं, तो मुझमें इतनी शक्ति हो कि मुझमें अहंकार न आए और लोगों को मेरे साथ रहने में सहूलियत हो। यह ज़िन्दगी जीने का बेहतर तरीक़ा है। गांधीजी इस दर्शन को प्रस्तुत करने वाले एक श्रेष्ठ उदाहरण के रूप में याद किये जाते हैं। उन्होंने अपनी ग़लतियों से हमेशा सबक लिया। गांधीजी ने अपनी ग़लतियों की स्वीकारोक्ति में कभी भी किसी प्रकार की हिचक नहीं दिखाई। उन्होंने अनेक बार सारे समाज के सम्मुख अपनी ग़लतियों को स्वीकार किया और उसके लिए प्रायश्चित्त भी किया। प्रायश्चित्त के संदर्भ में गांधी जी ने कहा है–

- *प्रायश्चित्त से पिछले पाप के प्रति विरक्ति उत्पन्न होती है और आगे के लिए सावधानी।*
- *प्रायश्चित्त प्रहसन के रूप में नहीं, हृदय से होना चाहिए।*
- *जो व्यक्ति हृदय से प्रायश्चित्त कर लेता है, वह सहानुभूति का अधिकारी होता है।*
- *प्रायश्चित्त की आवश्यकता जहां अपनी आन्तरिक अनुमति से पैदा होनी चाहिए, वहां उसके साथ भविष्य के प्रति प्रतिज्ञा का भाव भी होना चाहिए।*
- *प्रायश्चित्त वहीं होना चाहिए, जहां जान-बूझकर कोई भारी पाप हो गया हो।*

एक बार गांधीजी ने अपने परम शिष्य त्यागी जी से नाराज़ होकर उनकी सार्वजनिक रूप से आलोचना कर दी थी। लेकिन बाद में जब उन्हें तथ्यों की सही जानकारी प्राप्त हुई, तो उन्हें लगा कि मैंने त्यागी जी के विषय में जो कुछ भी कहा था, वह ग़लत था। उन्होंने स्वयं इसका प्रायश्चित्त किया और सार्वजनिक रूप से माफी मांगते हुए कहा– *"कल मैंने त्यागी की निंदा की थी। वह नाराज़ है। मुझसे भयंकर भूल हुई है कि तथ्य जांचे बग़ैर बात को सच मान लिया। मैं ग़लती की क्षमा चाहता हूं। हम सब तय करें कि अब से कोई बात परखे बग़ैर किसी नतीजे पर नहीं पहुंचेंगे। यही मेरी गलती का प्रायश्चित्त है।"*[1]

एक सफल 'मैनेजमेंट' कर्मी को अपने स्वभाव को इतना लचीला बनाना चाहिए कि आवश्यकता पड़ने पर वह बिना किसी हिचक के अपनी ग़लतियों को स्वीकार कर सके। ऐसा करने से उसके व्यक्तित्व में परिपक्वता भी आएगी और लोग उसके व्यवहार की प्रशंसा भी करेंगे।

कमज़ोरियों की स्वीकारोक्ति

एक सफल 'मैनेजमेंट' कर्मी के लिए यह आवश्यक है कि वह अपने व्यक्तित्व, अपने कार्यों और अपनी नीतियों का पुनर्विश्लेषण करता रहे। यदि वह ऐसा करेगा तो धीरे-धीरे उसकी ख़ामिय्रों में कमी आनी शुरू हो जायेगी। यदि वह स्वयं का सही विश्लेषण नहीं करेगा तो वह लगातार अपनी ग़लतियों को दोहराता रहेगा और उनका प्रभाव लक्ष्य प्राप्ति पर पड़ना शुरू हो जायेगा। गांधीजी ने अपनी कमज़ोरियों को कभी भी छुपाने का प्रयास नहीं किया, बल्कि उन्हें स्वीकार करके सच्चे मन से उनका निराकरण करने का प्रयास किया। इस स्वीकारोक्ति से उन्हें एक नयी शक्ति प्राप्त हुई। वह उस स्थिति में कमज़ोर पड़ने की बजाय और अधिक मज़बूत होकर बाहर निकले। अपने दोषों को दूसरों के सामने प्रस्तुत करने के संदर्भ में उन्होंने स्वयं कहा है– *"अपने दोषों को प्रकट करने से मैं उन्हें फिर न करना सीख सका हूं। (दोष करके) मनुष्य*

1. गांधी जी ने यह बात महावीर त्यागी जी के संदर्भ में कही है।

छिपकर निर्दोष दिखने के लिए चाहे जैसा प्रयत्न करे उसमें वह सफल नहीं हो सकता। ईश्वर जिन दोषों को देखता है, उन्हें उसकी दृष्टि क्यों न देखे? जो अपने दोष से सचमुच शर्माता है, वह तो उसे प्रकट करके सुरक्षित रहेगा, और अपने साथियों को इस तरह अपना रक्षक बनाएगा। इसी का नाम ईश्वर पर निर्भर रहना मान सकते हैं। मुझे स्वीकार करना चाहिए कि कितनी ही बार मैं भयानक काम करने से बच गया हूं, इसका कारण केवल मेरे साथी, मेरे बाल-बच्चे हैं।''[2]

एक बार गांधी जी अपने दक्षिण अफ्रीका प्रवास के दौरान 'जोहान्सबर्ग' जा रहे थे, उनके पास घोड़े की 'सिकरम' का टिकट था। उन्होंने अपनी आत्मकथा में लिखा है कि सभी यात्री तो 'सिकरम' के अंदर बैठते थे, पर मैं कुली था, मुझे भीतर बैठे गोरे के साथ न बिठाना पड़े, इसीलिए सिकरम के मालिक ने मुझे बाहर कोचवान के बराबर में बिठा दिया। अंदर बैठे गोरे ने जब गांधी जी को वहां से भी उठाते हुए ये कहा कि तुम मेरे पैरों में बैठो, उस समय उन्होंने प्रतिकार करते हुए कहा–*''तुमने मुझे यहां बिठाया, यह अपमान मैंने बरदाश्त कर लिया। मेरी जगह तो अंदर बैठने की थी। पर तुम सब अंदर बैठ गये, मुझे यहां बिठा दिया। अब तुम्हें बाहर बैठने की इच्छा हो रही है और सिगरेट पीना है, इससे मुझे अपने पैरों के सामने बिठाना चाहते हो! मैं अंदर जाने को तैयार हूं, पर तुम्हारे पैरों के पास बैठने को तैयार नहीं हूं।''*

''मैं मुश्किल से इतना कह पाया था कि तब तक मुझ पर तमाचों की वर्षा होने लगी और वह गोरा मेरी बांह पकड़कर मुझे नीचे ढकेलने लगा। कोचबक्स के पास ही पीतल के सीखचे थे, मैं उनसे लिपट गया, और कलाई उखड़ जाये तो भी सीखचे न छोड़ने की ठान ली। मेरे ऊपर जो गुज़र रही थी, यात्री उसे देख रहे थे। वह गोरा मुझे गालियां दे रहा था, खींच रहा था और मार भी रहा था। और मैं चुपचाप सब सह रहा था। वह बलवान था, मैं बलहीन।''[3]

गांधीजी ने कभी भी अपनी कमियों और अपने मन के उन भावों को, जिनसे उनकी सहमति नहीं थी, छुपाने का प्रयास नहीं किया। उन्होंने कहा कि मैं हमेशा से ही बालकों की पिटाई के विरूद्ध रहा हूं, हालांकि एक बार मुझसे

---

2. सम्पूर्ण गांधी वाङ्मय (खण्ड 64), पृ. 103

खुद भी इस बारे में ग़लती हो चुकी है। अपनी ग़लती को स्वीकार करते हुए, अपनी आत्मकथा में उन्होंने कहा है–*"बालकों को मार-पीटकर सिखाने के ख़िलाफ मैं सदा से रहा हूं। एक ही मौक़ा मुझे याद है जब मैंने अपने लड़कों में से एक को मारा था। रूल मारने में मैंने उचित किया या नहीं इसका निर्णय मैं आज तक न कर पाया।"*[4]

स्वीकारोक्ति के अन्य उदाहरण

एक बार गांधीजी ने कस्तूरबा से अपने सिद्धांतों के अनुसार कुछ कार्य करने के लिए कहा और जब 'बा' ने ऐसा करने में असहमति प्रकट की, तब गांधी जी ने उनसे क्षमा मांगते हुए कहा कि–'यह मेरी ग़लती है कि मैं तुम्हें अपने सिद्धांत नहीं समझा पाया। मैं पाप का दोषी हूं।'

गांधीजी की कोशिश हमेशा ही यह रहती थी कि वह कम समय में अधिक कार्यों को व्यवस्थित तरीक़े से पूरा कर लें। उनका ज्ञान, उनके व्यापक अनुभव पर आधारित था। उनके पास व्यापक पुस्तकीय अनुभव था लेकिन वह अपने इस अनुभव से संतुष्ट नहीं थे। गांधी जी विभिन्न विषयों के बारे में और अधिक पुस्तकों का अध्ययन करना चाहते थे, उन्होंने अपनी इस इच्छा को स्वीकार करते हुए कहा है–*"कर्मभूमि में प्रवेश करने के बाद वक़्त बहुत कम बचता है। अतः आज तक भी, कहा जा सकता है कि मेरा पुस्तकीय ज्ञान बहुत ही थोड़ा है।"*[5]

ग़लती के संदर्भ में उनके प्रमुख विचार इस प्रकार हैं–

- *ग़लती मान लेना, झाड़ू लगाने का सा काम है। यह ग़न्दगी को बुहारकर, सतह को साफ़ कर देता है।*
- क़ुदरत ने हमें ऐसा बनाया है कि हम अपनी पीठ नहीं देख सकते और उसे दूसरे ही देख पाते हैं। इसलिए दूसरा जो कुछ देखता है, उससे हमें फ़ायदा उठाना चाहिए।

---

3. माई एक्सपेरिमेंट विद ट्रूथ, पृ.
4. माई एक्सपेरिमेंट विद ट्रूथ, पृ. 319
5. माई एक्सपेरिमेंट विद ट्रूथ, पृ. 281

- हम यह सोचने की ग़लती न करें कि हम कभी भूल कर ही नहीं सकते।
- ग़लती मान लेने से हमको बहुत लाभ होता है। उसमें शुद्ध व्यावहारिकता है।
- ग़लती हर इंसान से होती है। पता चलते ही ग़लती या पाप को क़बूल कर लेने के माने हैं उसे बाहर निकाल फेंकना। अपनी सारी ज़िन्दगी में मैंने ऐसा ही किया है।
- ग़लती हर इंसान से होती है लेकिन जब इंसान अपनी ग़लती को छिपाता है या उस पर मुलम्मा चढ़ाने के लिए और झूठ बोलता है, तो यह ख़तरनाक बन जाती है।
- भूल को तर्क़ से सही नहीं साबित किया जा सकता। सारे संसार के धर्मशास्त्र उसे सही नहीं बना सकते।
- भूल करके आदमी सीखता तो है, पर इसका यह मतलब नहीं कि जीवन-भर भूल ही करता जाए और कहे कि हम सीख रहे हैं।
- ग़लती हो जाने पर अगर इंसान संभल जाए, तो वह संभले क़दम से आगे बढ़ सकता है।

एक सफल 'मैनेजमेंट' गुरु के लिए यह आवश्यक है कि वह अपनी ग़लतियों में तुरन्त सुधार करे। वह उनसे सीख लेकर आगे के लिए अपनी नीति को इस प्रकार निर्धारित करे कि उन ग़लतियों का फिर से दोहराव न हो। गांधीजी ने इस सम्बन्ध में अनेक बार आदर्श उदाहरण प्रस्तुत किये हैं। उन्होंने अपनी ग़लतियों की केवल स्वीकारोक्ति ही नहीं की, बल्कि यदि ज़रूरी लगा तो उनके लिए प्रायश्चित्त भी किया है। दूसरों को सीख देने से पहले, हमें अपने आपको भी एक आदर्श के रूप में प्रस्तुत करना चाहिए।

हम अपनी ख़ामियों को बिना किसी हिचक के तुरंत स्वीकार करें। इस सम्बन्ध में गांधी जी ने कहा है—"*कुछ लोगों को अपना पाप सबके सामने स्वीकार करने में संकोच होता है, कुछ लोग स्वीकार करते समय उस पर मुलम्मा चढ़ा देते हैं, लेकिन धर्म तो पुकार-पुकारकर यही कहता है—अपने किए हुए राई जैसे दोषों को पर्वत जैसा देखो, यदि तुम उन्हें हृदय से पूरी तरह स्वीकार करोगे, तो जिस प्रकार मैला कपड़ा मैल के निकल जाने से शुद्ध हो जाता है और शुद्ध*

दिखाई देता है, उसी प्रकार तुम शुद्ध हो जाओगे और शुद्ध दिखाई दोगे और पाप की सार्वजनिक रूप से की गई स्वीकृति और पश्चाताप, तुम्हारे लिए भविष्य में पाप से बचने के लिए ढाल जैसा सिद्ध होगा।"[6] प्रस्तुत 'चैप्टर' से हमें जो सीख मिलती है, उसके आधार पर इन बातों को आज से ही अपने जीवन में लागू करें—

- *कर्तव्य के प्रति जागरूक रहें और अपने कार्यों को सही समय पर करें।*
- *किसी भी कार्य को छोटा न समझें।*
- *लक्ष्य प्राप्ति के लिए यदि ज़रूरी लगे तो जीवन-शैली में भी परिवर्तन करें।*
- *अपनी कर्तव्य-निष्ठा से दूसरों के लिए भी उदाहरण प्रस्तुत करें।*

इस दुनिया में ऐसा कोई भी व्यक्ति नहीं है, जिसने बिना अनुभव और बिना प्रयोगों के अपनी ज़िन्दगी में सफलता प्राप्त की हो। सफलता प्राप्त करने के लिए निरन्तर अभ्यास, मेहनत, अध्ययन और नवीन प्रयोगों के साथ-साथ आत्म-विश्लेषण की भी आवश्यकता होती है। इसलिए एक सफल 'मैनेजमेंट' कर्मी को बिना किसी पूर्वाग्रह के स्वयं का सटीक विश्लेषण करना चाहिए। इस पुस्तक को पढ़ने के बाद, गांधीजी की विचारधारा, जीवन-शैली और कार्यपद्धति के बारे में जानकर, आप स्वयं ही महसूस कर रहे होंगे कि वह आज भी हमें और हमारे प्रबंधन कौशल को नई दिशा दे सकते हैं। उनसे प्रेरणा लेकर आज से ही अपने जीवन में व्यापक स्तर पर बदलाव की शुरुआत करें।

❑❑❑

---

6. सम्पूर्ण गांधी वाङ्मय (खण्ड 64), पृ. 103